シリーズ
今日から
福祉職

押さえておきたい
公的扶助・生活保護行政

［編著］
元田宏樹
聖学院大学心理福祉学部准教授
［著］
松浦賢治　門井弘明
東京都職員

ぎょうせい

はじめに

本書は、東京都庁で長年生活保護行政を担当している職員に執筆してもらいました。筆者も含め、全員が広域行政を担う都道府県本庁と生活保護行政を実際に担っている福祉事務所でのケースワーカー経験をもっています。すなわち、各自治体を横断的に俯瞰する視点と現場レベルにおける視点からの執筆を心がけました。

初めて生活保護行政の現場に赴任した際、膨大な事務処理と必死で生活をしている被保護者への支援で、押しつぶされそうになった記憶があります。幸い職場の先輩に恵まれて、分からないことは何でも相談できる体制が整っていたので、バーンアウトせずに済みました。後で聞いた話では、先輩職員も初めはみんなとても悩んだそうです。しかし、公務員として市民の役に立つ仕事ができることに誇りをもつ姿勢は忘れなかったそうです。

生活保護制度は現代の日本社会における最後のセーフティネット（安全網）です。生活保護のケースワーカーは日本を支える縁の下の力持ちの役を担っているといえます。何らかの理由によって健康で文化的な最低限度の生活を維持することができなくなった住民のために働いているわけです。直接市民の役に立つ生活保護ケースワーカーは大変やりがいのある仕事に違いないはずです。実際、昔の福祉事務所では生活保護のケースワーカーを希望する職員が多く、何年も待たされたこともあったという話を聞いたことがあります。

一方、近年の福祉事務所においては、どの職員も余裕がなく新人が先輩からゆっくりと仕事の進め方について教わることも困難であると聞きます。

そこで本書は、日々生活困窮状態に陥った住民に寄り添うケースワーカー、なかでも新規採用職員や他の部署から異動してきた職員に向けて、少しでも役に立つような本を目指しました。

第１章では、公的扶助の歴史や生活保護制度の概要、被保護者の権利と義務、生活保護実施機関の組織体制について記述しています。

第２章では、生活保護担当の仕事として、生活保護担当の業務、一日の仕事の流れ、担当者の“心構え”、年間スケジュール、関係相談機関との連携、厚生労働省及び都道府県による指導検査対応等について触れています。

第３章では、知っておくべき根拠法令と用語の解説として、要否判定の解説、実施要領で質問が多い項目の解説、職場で飛び交う基本用語の解説、不服申立てや押さえておくべき裁判例を扱っています。

第１章から順に読んでいただいてもかまいませんし、時間のない方は、関心のある個所から読んでいただいても問題ありません。

なお、生活保護行政は、扱う範囲も広いですし、判断に悩む場面もたくさんあります。本書は入門書の位置づけとなっておりますので、巻末にさらに深く学びたい人に向けて参考となる書籍も掲載しています。

いずれにせよ、本書がベテラン職員の代わりといってはいい過ぎかもしれませんが、みなさんが生活保護業務を遂行するうえで悩んだ際の何らかのヒントになれば幸いです。

令和３年６月

執筆者を代表して

元　田　宏　樹

目　次

第2章　生活保護担当の仕事

第３章　知っておくべき根拠法令と用語の解説

第1章

生活保護とは

担当：元田　宏樹

1　日本における公的扶助の歴史

（1）大宝律令

日本における公的扶助制度の始まりは、701（大宝元）年に制定された「大宝律令」の戸令における救済制度といわれています。この制度は、当時、日本より文化が進んでいた唐の制度を取り入れたものですが、今日の公的扶助制度の根幹をなす考え方を見出すことができます。戸令第32条で、救済の対象となる者は、「鰥《かん》寡《か》孤《こ》獨《どく》貧窮老人廃疾の輩にて、自ら生活能わらず者は、近き身寄りの者をして、引取り養はしめよ、若し近親の者なければ、其町村に於て救養せしめ」（注１）とあります。対象となる人たちについては、近親者に引き取らせて扶養させ、扶養するべき近親者がいない場合には、その町や村で保護するべきとしています。生活保護法の策定にあたった小山進次郎は、「その形態、内容いずれの点から見ても頗《すこぶ》る進歩的なものであって、約1250年前にかくの如き整備された制度が日本において実施されていたことについては、いささか驚異の感なきを得ないのである」（小山　1951：４）と述べています。まさに、現代の公的扶助である生活保護法と比較しても形式的に変わらないものといえます。

例えば、「貧窮（財貨のない者）」についていえば、生活保護法における「補足性の原理」と同じといえます。これは、最低生活を維持するために本人が持っているすべての資産・能力を最大限活用し、それ

（注１）「鰥」とは、60歳以上で妻のない者、「寡」とは、50歳以上で夫のない者、「孤」とは、15歳以下で父のない者、「獨」とは、60歳以上で子のない者、「貧窮」とは、財貨のない者、「老」とは、65歳以上の者、「廃疾」とは、障がいの者（窪美　1924：224）。

でも不足する部分について保護をすることとされているものです。また、「老（65歳以上の者）」については、現在の福祉事務所で行われている指導と似ています。生活保護法では、年齢による制限はないことが前提になっているものの、実際には65歳になるまでは、稼働年齢層と呼ばれ、何らかの疾病等がなければ保護受給は制限されているのが現状だといえます。当然のことながら大宝年間と現代の65歳とを比較すると加齢がかなり進んだ状態と思われますが、一定の年齢で制限するという考え方は、昔も今も変わりません。さらに、まずは、近親者に扶養させるという考え方も、現法の扶養義務者の扶養を優先させるという規定と似ています。

（２）大宝律令以降の公的救済

日本の公的扶助は、その後も730（天平２）年には、聖武天皇の皇后である光明皇后によって「施薬院」（注２）、「悲田院」（注３）での救済が行われました。しかし、天皇の勢力が相対的に衰えるに伴い、こうした公的扶助は行われなくなり、その思想を受け継いだ寺院等による社会事業が細々と行われるに過ぎなくなりました。「日本の歴史上、武家政権と呼ばれる期間の大部分は、公的救済は空白をなしている」（小山　1951：５）という指摘もあります。ようやくその最後の時期に位置する徳川時代において公的な窮民救済策がみられるようになります。その代表的なものとして「町会所」による「七分積金」の救済制度がありました。これは、地主が負担するべき町の経費（町入用）のうち７割を備蓄用の食糧や町内の貧困者への手当に充てるものです。

（注２）全国から献上させた薬草を無料で病人や孤児に施し保護や治療を行ったとされる。
（注３）仏教の慈悲の思想に基づき、貧しい人や孤児を救うために作られた施設とされる。

「町会所」という一種の自治的組織によって運営される点が特徴です。ただし実際の運営にあたっては、家族数や性別、年齢等により厳格に執行され安易に運用されることはなかったそうです。なお、こうして厳格な運用によって残された資金は、実際にはこの資金を引き継いだ明治政府によって道路や橋梁といったインフラ整備の財源として消費されました（注４）。

また、この時代には、領主の命により組織された「五人組」の制度もありました。これは、隣保制度であり、それぞれの組の内部において、連帯責任・相互監察・相互扶助が求められました。江戸時代における公的救済は、このように自治組織内で完結する制度であったといえます。

（３）恤救規則の制定

明治政府は、欧米列強に対抗するため富国強兵、殖産興業を大命題として、近代的産業の保護とその育成を図る政策を強力に推進しました。その時期の代表的な公的救済制度は、1874（明治７）年12月に公布された太政官通達第162号の恤救《じゅっきゅう》規則です。これは、天皇の慈恵的な面が特徴といえる制度です。

規則の中身としては、救済は「人びとの間のお互いの同情心によっておこなうのが建前である」としたうえで、「誰にも頼れない困窮者だけは」その救済の対象としました。救済方法は食糧代を支給するというものです。極貧で障害を持った独身者や70歳以上の独身重疾病者で生業が不可能な者、13歳以下の幼年独身者等、対象者を厳しく限定

（注４）東京都公文書館『都史紀要７　七分積金』1960年「結果的にこの金の運用を引つがれた維新政府は財政困難なため、あらゆる方面にこの金の助けを求めた」とある。

するとともに、貧困に陥ったのは個人に原因があるとする考え方をベースに、公的な救済よりも道義や倫理による隣保救済の原理が強調されています。

なお、条文では「下米相場ヲ以テ石代下ケ渡スヘキ事」とあり、米の価格を考慮するとともに金銭給付による保護を定めたことは、これ以前の救貧制度が米などの現物給付であったことと比較すると興味深いといえます。恤救規則は、明治政府が制定した貧困救済に関する基本的制度であり、1929（昭和４）年の救護法制定までの間、現実に貧困者を救済したことは注目に値します。しかしながら、「大宝律令」にもあった、救済を受ける前に近親者による扶助を優先させる考え方はこの規則にも引き継がれています。

（４）救護法の制定

大正期に入り富山県の主婦たちが発端となったといわれる米騒動や、昭和期に入り国内における資本家と労働者の構造的な対立により、政府も貧困の原因が単に個人的な問題にあるとする考え方を改めざるを得なくなりました。

明治の初めに制定された慈恵的な恤救規則の抜本的改正が強く求められるようになり1929（昭和４）年「救護法」が制定されました。しかしながら時代は世界恐慌の真只中であったため、直ちには実施されませんでした。全国の方面委員（現在の民生委員・児童委員）による強い要望等があり、３年後に施行されました。

この法律により救済の対象とされたのは、①65歳以上の老衰者、②13歳以下の幼者、③妊産婦、④不具廃疾、疾病、傷病その他精神又は身体の障害により労務を行うに故障のある者とされました。すなわち

14歳から64歳の者は、労働能力がある限り対象外となりました。また、除外項目として、扶養義務者が扶養することのできる者は救護しないこととなっています。さらに、「救護を受ける者の性行が著しく不良のとき、又は著しく怠惰な時は救護しないことができる」と規定されています。なお、救護に要する費用も明記され一旦市町村が全額支弁した後、国が２分の１、都道府県が４分の１を補助することとされました。

救護法は、恤救規則と比較すると、救護の実施機関、貧困者を収容する施設、費用負担、救護の種類等が定められ、当時としては進歩的な内容となりました。しかしながら、失業による困窮者を対象外とし、また被救護者の地位については、いわゆる「法の反射的利益」に過ぎないものとされ保護請求権は認められませんでした。そして、「救護における国家責任が法文上明確でない点において、未だ近代的公的扶助制度としての十分な条件を欠いていると言わざるを得ない」（小山1951：11）と指摘されています。

（５）旧生活保護法の成立

1945（昭和20）年、戦後の日本は、生活物資が極端に不足し国民の大多数が窮乏生活を余儀なくされました。戦災者や引揚者に対する公的な需要が急激に増えました。

しかしながら、既存の救護法をはじめとする各種公的扶助制度は非効率的でした。そこで、占領軍総司令部（GHQ）は日本政府に食糧・衣類・住宅等を失業者や貧困者に対して確保するよう指令しました。これを受けた政府は、既存の分散化している制度を再構築し、国民援護に関する新しい法律を制定することを示すとともに、臨時的・応急的な暫定措置として、「生活困窮者緊急生活援護要綱」を定めました。1946（昭和21）年、GHQは、公的扶助の構築にあたり、①国家責任の原則、②無差別平等の原則、③最低生活保障の原則の３つの原則を守るよう指令しました。

政府は、この３原則を踏まえたうえで計画を練り直し、同年の第90回帝国議会に生活保護法案を提出しました。同法案は９月に可決し、翌10月から施行されました。すなわち新憲法が公布される11月の直前に成立したわけです。この旧生活保護法は、それまでの制限扶助主義から抜け出し、無差別平等の原則を持つ近代的公的扶助制度として成立しました。また、国家責任を明確にしたということは、貧困を個人の責任に帰すことをせず、社会的責任であることを認めたものといえます。

しかしながら、保護請求権は、個々の要保護者には積極的に認められていませんでした。また、救護法にもあった扶養能力を持った扶養義務者がいる場合は保護しないという規定も残されました。

（６）新生活保護法の成立

GHQは、1947（昭和22）年、日本の適正な社会保障計画を構築するため、アメリカ合衆国社会保障行政部及び公衆衛生部から５人の学識経験者を調査団として招聘しました。翌年、調査団は「社会保障制度への勧告」（ワンデル勧告）を提出しました。

この勧告を受け日本政府は、1948（昭和23）年12月、社会保障制度改革の具体的目標や実現方法を審議するための「社会保障制度審議会」を設置しました。翌年、審議会は政府に対して「生活保護制度の改善強化に関する勧告」を行いました。主な内容としては、

①国はすべての国民に対し最低生活を保障しその内容は健康で文化

的な生活を営ませるものでなければならない。

②他の制度により最低生活を営むことのできないものは、当然に公の扶助を請求しうるという建前が確立されなければならない。従って申請を却下された者及び現に扶助を受けているもので不服のある者はその是正を法的に請求できるようにしなければならない。

③保護に当たる職員は、一定の資格を持たなければならない。

④保護を要する状態にあるものを発見すること。

⑤保護を受ける者の生活指導を行うこと。

というものでした（小山　1951：48-49）。日本政府は、この勧告を受けて1950（昭和25）年３月、第７回国会に新生活保護法を上程し、法案は同年５月に可決され公布されました。

新生活保護法は、憲法第25条に規定する生存権の理念に基づくものであるということが明文化されました。法案作成に当たった小山によれば、「国民に保護請求権を賦与している点が、新法をして旧法と、決定的に異ならしめている」「『国民に保護を受ける権利あり』とするかどうかは、旧法の立案当時においても極めて入念に検討された問題である」（小山　1951：105）とあるとおり旧生活保護法では、保護の権利は一種の反射的利益に留められていましたが、新生活保護法になってそれは解消され保護を受けることは権利とされました。さらに「保護の実施における国家責任を強調し、保護を受ける者に卑屈感を抱かせるに至る惧れのある字句は、一切法文の中に使用しないという態度が採られた」（小山　1951：105）とあり、保護を受給するうえで大部分の人が感じるスティグマ（恥辱）を払拭する配慮がなされたことは一般的に評価されています。

そして、旧生活保護法においては、①生計の維持に努めない者、②

素行不良な者は保護に値しないとして取り扱われていましたが、これは、最低生活保障という観点からは好ましくないことから新生活保護法においてはこれを改め、急迫した事由がある場合には、一旦保護を開始し、その後適切な指導・指示をしていく方法が執られるようになりました。すなわち、貧困状態に陥った理由を問わず、また年齢等の制限も一切なく、今現在、生活に困窮していれば、どのような人であれ保護を開始することとなりました。

また、民法上の扶養義務について、旧生活保護法ではこれを保護受給の資格に関連させていたところですが、新生活保護法においては、これを避け、単に民法上の扶養が生活保護に優先して行われるべきだという建前を規定するだけとなりました。すなわち、旧生活保護法においては、扶養義務者に一定の資力があれば現実に扶養しているかどうかを問わず保護されることはありませんでした。しかしながら、新生活保護法では、仮に扶養義務者に資力があったとしても、扶養義務者が扶養を断れば保護の実施機関は保護をしなければならないこととなりました。

2 生活保護制度の概要

（1）日本の社会保障制度

国や自治体が市民の生活を守る仕組みの１つに「社会保障制度」があります。これは「社会保険」「社会福祉」「公的扶助」「保健医療・公衆衛生」の４つの柱で成り立っています。この中でも公的扶助制度は他の制度と違い、全額が租税によって賄われているのが特徴です。「社会保険」は有償のサービスであり、定められた保険料を納付していなければ受給が制限されますが、公的扶助は無償のサービスであるため一定の条件をクリアすれば誰でも受給できます。

ここでは、多くの市民に受給の権利が保障されている生活保護制度に着目し、詳しくみていきます。

図１　社会保障制度とは

社会保障制度は、国民の「安心」や生活の「安定」を支えるセーフティネット。
社会保険、社会福祉、公的扶助、保健医療・公衆衛生からなり、人々の生活を生涯にわたって支えるものである。

①社会保険（年金・医療・介護）

国民が病気、けが、出産、死亡、老齢、障害、失業など生活の困難をもたらすいろいろな事故（保険事故）に遭遇した場合に一定の給付を行い、その生活の安定を図ることを目的とした強制加入の保険制度

○病気やけがをした場合に誰もが安心して医療にかかることのできる医療保険
○老齢・障害・死亡等に伴う稼働所得の減少を補塡し、高齢者、障害者及び遺族の生活を所得面から保障する年金制度
○加齢に伴い要介護状態となった者を社会全体で支える介護保険　など

②社会福祉

障害者、母子家庭など社会生活をする上で様々なハンディキャップを負っている国民が、そのハンディキャップを克服して、安心して社会生活を営めるよう、公的な支援を行う制度

○高齢者、障害者等が円滑に社会生活を営むことができるよう、在宅サービス、施設サービスを提供する社会福祉
○児童の健全育成や子育てを支援する児童福祉　など

③公的扶助

生活に困窮する国民に対して、最低限度の生活を保障し、自立を助けようとする制度

○健康で文化的な最低限度の生活を保障し、その自立を助長する生活保護制度

④保健医療・公衆衛生

国民が健康に生活できるよう様々な事項についての予防、衛生のための制度

○医師その他の医療従事者や病院などが提供する医療サービス
○疾病予防、健康づくりなどの保健事業
○母性の健康を保持、増進するとともに、心身ともに健全な児童の出生と育成を増進するための母子保健
○食品や医薬品の安全性を確保する公衆衛生
など

※これらの分類については、昭和25年及び昭和37年の社会保障制度審議会の勧告に沿った分類に基づいている。

出典　厚生労働省「戦後社会保障制度史」

（2）生活保護制度の目的と原理

生活保護法（以下「法」という）は、憲法第25条が規定する「国民は、健康で文化的な最低限度の生活を営む権利を有する」という条文の実現を目的としています。これは、法第１条に「この法律は、日本国憲法第25条に規定する理念に基き、国が生活に困窮するすべての国民に対し、その困窮の程度に応じ、必要な保護を行い、その最低限度の生活を保障するとともに、その自立を助長することを目的とする」との規定からも明白であるといえます。以下、生活保護制度における４つの基本原理についてみていきます。

ア　国家責任による原理

第一は、法第１条で規定する「国家責任による原理」です。これは生活困窮に陥った国民については国が保護するという原理です。また、同条に併記された「自立を助長することを目的とする」という条文については、保護を受けることによって生じるいわゆる「惰眠」を防止する意味ではなく、「『最低生活の保障』と対応し社会福祉の究極の目的とする『自立の助長』を掲げることにより、この制度が社会保障の制度であると同時に社会福祉の制度である所以を明らかにしようとした」（小山　1951：84）とされています。

イ　保護請求権無差別平等の原理

法第２条では、国民に保護請求権を認めたうえで、生活困窮状態に陥った要件を問うことなく保護受給できることが定められています。

旧生活保護法においては、「生計の維持に努めない者」、「素行不良な者」等は保護に値しないとされていましたが、新生活保護法においては、急迫した事由がある場合には、一旦保護を開始し、その後、適切な指導・指示をしていくようになりました。すなわち、貧困状態に陥った理由を問わず、年齢等の制限もなく、生活に困窮していれば保護が開始されるようになりました。

ウ　最低生活保障の原理

法第３条では「この法律により保障される最低限度の生活は、健康で文化的な生活水準を維持することができるものでなければならない」と規定されています。これは憲法第25条を実現するための条文であり、保護基準の具体性を担保したものです。その基準については「単に辛うじて生存を続けることを得せしめるという程度のものであってはならない」（小山　1951：115）とされており、現在は水準均衡方式により、一般国民の消費水準の約60％台～70％台で推移しています（表１）。

表１　一般世帯と被保護世帯の１人あたり消費支出格差の推移（全国・月額）

年度	一般勤労者世帯Ａ（円）	被保護勤労者世帯Ｂ（円）	格差（Ｂ/Ａ）
1984年度	75,149	50,447	67.1％
1987年度	79,350	54,360	68.5％
1992年度	96,254	65,591	68.1％
1997年度	100,743	69,048	68.5％
2002年度	94,740	69,187	73.0％
2007年度	94,332	72,132	76.5％

出典　厚生労働省「ナショナルミニマム研究会（第６回）」資料（一部加工）

エ　保護の補足性の原理

法第４条には「保護は、生活に困窮する者が、その利用し得る資産、能力その他あらゆるものを、その最低限度の生活の維持のために活用することを要件として行われる」と規定されています。この原理は、保護を受ける者が最低限守るべき条件を定めたものです。生活保護制度が国民の税金で賄われていることから、このような規定も否定できない一面はあります。しかしながら、法案を策定した小山自身が「『資産、能力その他あらゆるものを』の『あらゆるもの』は、資産、能力だけでは表現し尽くせぬものがあるので用いたが、この言葉は各方面で評判が悪く、この規定全体の与える印象が極めて暗いものになっていると批判されているが、この点衷心から心苦しく感じている次第である」（小山　1951：119）と述べています。

（3）保護の原則

基本原理に加え、保護制度を円滑に運用するために４つの基本原則が定められています。

ア　申請保護の原則

保護は、要保護者、その扶養義務者、同居の親族の申請に基づいて開始されるという原則です。申請がなければ保護は開始されませんが、要保護者が窮迫した状況であれば、福祉事務所は速やかに職権をもって保護を開始するという「職権による保護」も規定されています。

イ　基準及び程度の原則

「保護基準」は厚生労働大臣が定め、要保護者が生活していくうえで必要となる需要は、その基準に基づいて算定されるという原則です。そして、需要に満たない部分について不足分を補う程度で金銭給付または現物給付が行われます。

この基準は、要保護者の必要な事情を考慮した最低限度の生活の需要を満たすうえで十分なものであって、かつ、その需要を超えないものでなければなりません。この基準があることで、福祉事務所における恣意性を排除することができます。

ウ　必要即応の原則

生活保護制度は、要保護者の年齢や健康状態といった実際の必要性に応じて行われるという原則です。被保護者に一律に金銭を給付すればよいという機械的な運用ではなく、個々の実態に応じた保護が実施されます。

エ　世帯単位の原則

生活保護の要否（必要か否か）や程度の判定については、個人ごとではなく世帯を単位として行われるという原則です。すなわち世帯員のうち一人だけが生活に困窮していても、他の世帯員の収入等によってその世帯が最低生活基準を上回る場合、保護の判定は否となります。

しかしながら、例えば、世帯員のうち稼働能力があるにもかかわらず、それを活用しないため、他の世帯員がやむを得ない事情によって保護を要する場合は、要件を欠く者を分離して他の世帯員のみを保護するという「世帯分離」の運用も設定されています（第３章５（８）参照）。

3　生活保護受給世帯の状況

（1）世帯数等

厚生労働省の「生活保護の被保護者調査」（2020年８月分概数）によれば、「被保護実人員」は2,050,043人、「被保護世帯数」は1,635,356世帯、保護率は1.63％となっています。

被保護実人員は、ピーク時である2015年３月の2,174,335人に比べると減少しましたが、過去最少であった1995年度（月平均）の882,229人と比較すると116万人以上増加しています。

被保護世帯数では、1992年度（月平均）の最小値である585,972世帯と比較すると104万世帯以上増加しています。

なお、2020年４月を見ると、生活保護の申請件数は21,486件となり、対前年同月と比べると、4,273件増加（24.8％増）しました。これは、新型コロナウイルスの影響によって収入が減少した人々が増えたと考えられます。

図2　被保護人員・保護率・被保護世帯数の年次推移

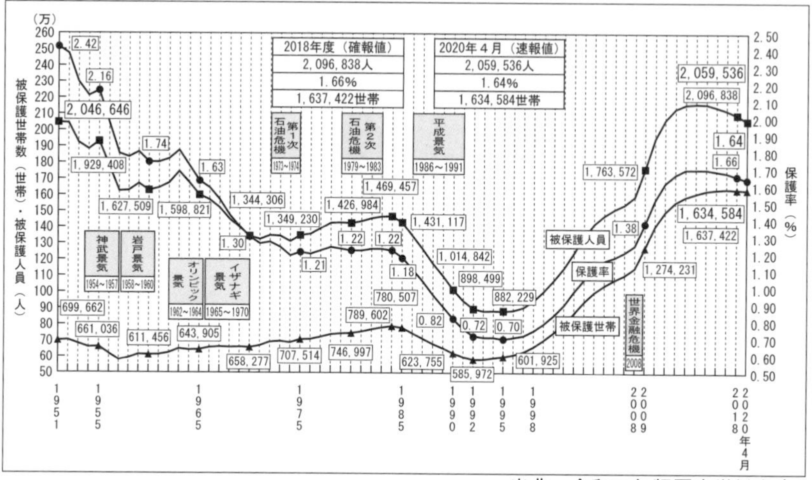

出典：令和２年版厚生労働白書

（2）世帯類型

前述の「生活保護の被保護者調査」（2020年８月分概数）によれば、被保護世帯の世帯類型は、「高齢者世帯」が903,056世帯（55.5%）で最も多くなっています。そのうち91.8%は単身世帯となっています。

そして、「障害者世帯」が205,082世帯、「傷病者世帯」が199,255世帯、「母子世帯」が75,835世帯と続きます。いずれにもあてはまらない世帯は「その他世帯」と定義されますが、この中には就労はしているものの最低生活水準以下の収入しかない人々が多く含まれています。その数は244,414世帯となっています。

なお、図３は昭和50年から平成30年までの「世帯類型別被保護世帯数」の推移となります。近年の高齢者世帯の増加がよくわかります。

図３　世帯類型別被保護世帯数（１か月平均）

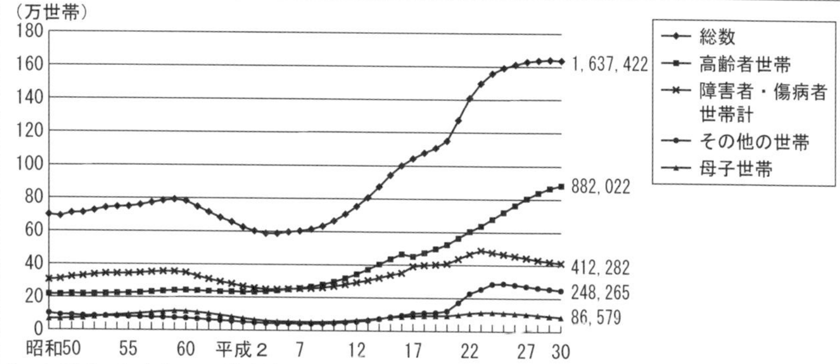

注１）平成23年度までは「福祉行政報告例」

２）総数には保護停止中の世帯も含む（各世帯類型別の世帯数には保護停止中は含まれていない）。

出典：厚生労働省「生活保護の被保護者調査（平成30年度確定値）」

（３）保護開始・廃止の主な理由

生活保護が開始されたときや廃止されたときの主な理由について、「生活保護の被保護者調査（平成30年度確定値）」のデータからみていきます。

開始された主な理由を構成割合でみると、「貯金等の減少・喪失」が38.8％と最も多く、次いで「傷病による」が23.4％、「働きによる収入の減少・喪失」が19.3％となっています（図４参照）。

前述のとおり、生活保護受給世帯の半数以上は65歳以上の高齢者世帯です。これは、加齢に伴い収入が減少し生活に困窮するケースが多いことを示しています。2020年度の国民基礎年金は、40年間納付した場合で月額65,141円となっています。自営業者等で厚生年金に加入していなければこれだけしか収入がなく、生活を維持するのは困難といえます。

「貯金等の減少・喪失」が最も多い理由としては、高齢者世帯が少ない年金収入を補填するために預貯金を取り崩しながら生活をしていたが、預貯金等が底をついたため生活保護の申請に及んだことがうかがえます。長生きすることが、却って経済的な面ではリスクになっているという現実があります。

こうした状況をみる限り、今の日本の社会保障制度は、高齢者の場合、年金以外の収入があるか、または一定の蓄えがないと生活費を補填するために、生活保護を受給しなければならない状況であるといえるのではないでしょうか。図４をみる限りでは、そうした実態が年々増加していることがわかります。

二番目に多い理由である「傷病による」は、病気やケガにより医療費が増加し、家計を圧迫し生活が立ち行かなくなった状況によるものと考えられます。また、近年の特徴として、正社員であれば医療保険や雇用保険で守られることがほとんどですが、非正規雇用者の場合、社会保障制度から漏れている場合も多く、傷病により仕事ができなくなると、治療もままならないばかりか収入がストップし、貧困状態となり保護申請に至ったことが考えられます。

三番目に多い理由である「働きによる収入の減少・喪失」は、格差社会の進展により、働いているものの、収入が生活保護基準以下である、いわゆる“ワーキングプア”の労働者の増加によるものと考えられます。また、リストラにより転職を余儀なくされ収入が減少したり、零細企業を退職したものの、退職金や年金もなく収入の手段が途絶えた状況も考えられます。

図４　保護開始の主な理由別世帯数の構成割合

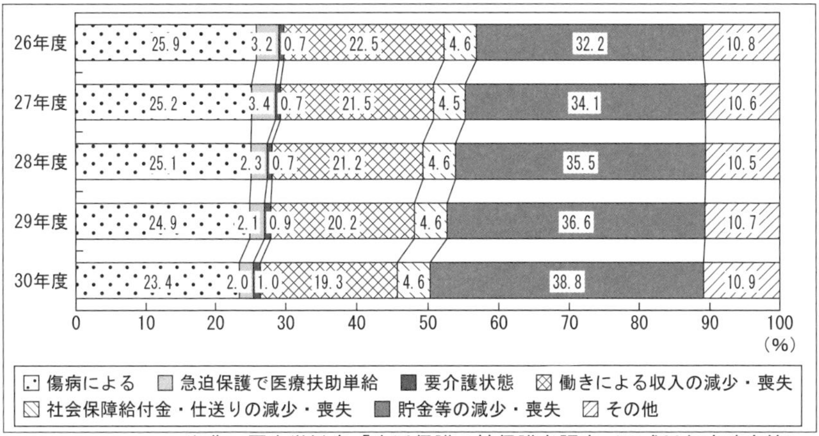

出典：厚生労働省「生活保護の被保護者調査（平成30年度確定値）」

一方、保護廃止の理由としては、死亡が４割を超えています。前述の2020年８月分概数調査では、生活保護世帯の類型は「高齢者世帯」が55.5％であり、次いで「障害者世帯」が12.5％となっています。こうした世帯の被保護者は、就労等によって自立することは困難なことが多く、結果として一度生活保護を受給すると亡くなるまで生活保護の状態が継続していると考えられます。

図５のとおり、過去５年間の推移からみても、今後もこの傾向は続くことが予想されます。

一方､収入増による保護の廃止は全体の２割弱にとどまっています。これを多いとみるか少ないとみるかは議論の分かれるところと思いますが、生活保護制度が最後のセーフティネットと呼ばれることから、生活保護受給中に「自立助長」の支援を受けて再び労働市場に戻ったと考えれば、適切に制度が運用されていると思われます。

図５　保護廃止の主な理由別世帯数の構成割合

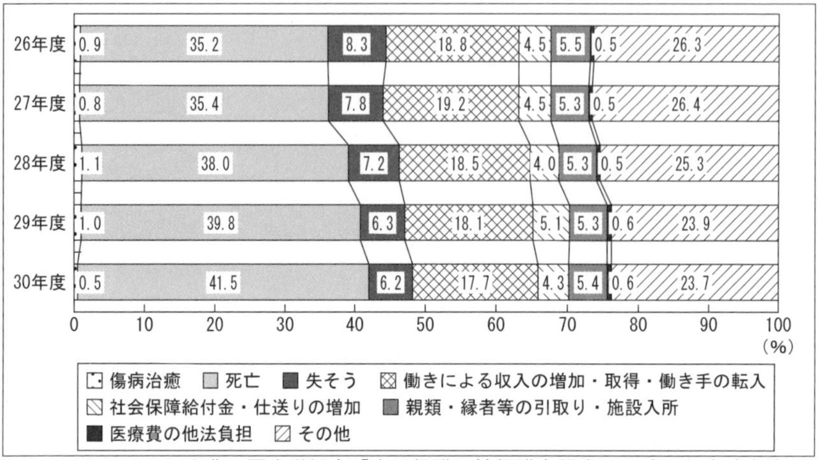

出典：厚生労働省「生活保護の被保護者調査（平成30年度確定値）」

4　面接相談から保護開始まで

面接時の流れなどは、第２章で詳しく記載しますので、ここでは「生活保護法施行事務監査の実施について」（社援第2393号平成12年10月25日付）に基づき簡単な紹介をします。

（1）相談及び申請の窓口

生活保護における相談や実際に申請をする窓口は、居住する地域を所管する福祉事務所の生活保護担当になります。ここで生活保護制度の説明を受け、場合によっては社会福祉協議会による生活福祉資金やハローワークによる雇用保険、各自治体による生活困窮者自立支援制度等の他法他施策の活用についても検討することになります。

なお、居住地がないか、又は明らかでない場合は、要保護者が今いる地域の福祉事務所が保護を実施することになります。これを、「現在地保護」といいます。

（2）申請による保護の開始

保護を申請する者は、氏名、保護を受けようとする理由、資産および収入の状況などを記載した申請書を福祉事務所に提出します。なお、申請者の状況から書面での提出が困難である場合は口頭による申請も認められています。福祉事務所が面接時に慎まなければならない発言として「居住地がなければ保護申請できない」「稼働年齢層は保護申請できない」「自動車や不動産を処分しなければ申請できない」などがあげられます。また、親族等による扶養が保護の要件であるかのような説明は、保護の申請権を侵害する行為となります。

相談者に対しては、保護申請の意思を確認し、申請の意思が表明された者に対しては、保護申請にあたって事前に関係書類の提出を求めることなく、申請書を交付し、申請手続についての助言を適切に行う必要があります。

（３）開始時における調査

生活保護の申請後、福祉事務所のケースワーカーが、申請者の生活状況等を把握するため家庭を訪問します。さらに預貯金等の資産調査、扶養照会を行い、就労の可能性なども確認することになります。

（４）保護の要否判定及び決定

調査によって、保護を申請した世帯の収入が厚生労働大臣の定める基準（保護基準）に満たない場合に保護が開始されます。なお、基準を超える場合は申請が却下されることになります。

5　被保護者の権利と義務

生活保護制度は、国民の最低生活を維持するための制度であることから、その権利は法律で守られています。一方、その財源は国民の税金によって賄われており、被保護者には果たさなければならない義務もあります。

（1）被保護者の権利

ア　不利益変更の禁止（法第56条）

福祉事務所によって決定された保護については、正当な理由がない限り被保護者にとって不利益になるような変更がされることはありません。

イ　公課の禁止（法第57条）

支給される保護費については、国が定めた最低限度の基準に基づく金額であることから、課税の対象となる余地はなく租税を課されることはありません。

ウ　差押の禁止（法第58条）

既に決定して支給を受けた保護費やこれを受け取る権利については、債権者から差し押さえられることはありません。ちなみに、イの「公課の禁止」は公権力に対する保障であり、差押禁止は民事上の債権等に対する保障となります。

（2）被保護者の義務

ア　譲渡の禁止（法第59条）

被保護者は、保護費を受ける権利や就労自立のための給付金について、他人に譲り渡すことはできません。この規定を設けることで、福祉事務所が決定した保護に関する項目が譲渡性のないことを示し、保護の目的が確実に達成されるようにしています。

イ　生活上の義務（法第60条）

保護の補足性のところで触れた原則については、保護を受ける時だけではなく、保護受給中にも守るべき原則となっています。そこで、被保護者は自身の能力に応じて勤労に励むとともに健康に気を配り、家計管理を適切に行い、節約を図り、その他生活の維持向上に努めることとされています。

ウ　届出の義務（法第61条）

福祉事務所は、生活保護制度を適切に運営することが求められています。そのためケースワーカーは、被保護者の生活状況を把握する必要があります。それを確実にするため、被保護者の側からも収入、支出等について変動が生じたときは、福祉事務所に対して自発的に届け出なければなりません。

エ　指示等に従う義務（法第62条）

福祉事務所は、被保護者に対する職責を適切に進めるため被保護者に対し、指導または指示をすることがあります。その場合、被保護者はそれに従う義務があります。

なお、法第27条では、福祉事務所からの指導・指示は被保護者の自由を尊重し必要最小限度に留めたものでなければならないと定められています。詳しくは第３章で触れます。

オ　保護費の返還義務（法第63条）

資力があるにもかかわらず、急迫状態であったため保護を受給した者は、その受けた範囲内において福祉事務所に保護費を返還する義務があります。

（３）保護費の徴収（法第78条）

不正な手段によって保護を受けた場合や他人に受けさせた場合、福祉事務所は保護費の全額または一部を徴収することができます。さらに不正受給に係る徴収金額に加え、不正受給を行った金額に100分の40を乗じた額以下の金額を上乗せし徴収できることとなっています。これは､法第85条の罰則規定と共に制度の悪用を防ぐためのものです。

（４）不服申立て（法第64条、第66条、第69条）

福祉事務所長が行った保護の開始、変更、停止、廃止等にかかる決定処分について不服がある場合には、審査庁（都道府県知事）に対して審査請求をすることができます。

さらに都道府県知事が行った裁決に不服がある場合は、厚生労働大臣に対して再審査請求をすることができます。なお、審査請求に対する裁決を経た後は、当該処分について裁判所に訴訟を提起することができます。不服申立てについては第３章で詳しく紹介します。

6　生活保護実施機関の組織体制

（１）「福祉事務所」設置に関する根拠法令

生活保護を運営する機関として、「福祉事務所」が設置されています。社会福祉法第14条で「都道府県及び市（特別区を含む。以下同じ）は、条例で、福祉に関する事務所を設置しなければならない」と規定されています。法律上の名称としては、「福祉に関する事務所」となっています。都道府県及び市は条例で設置が義務付けられているのに対し、町村は同条第３項で「条例で、その区域を所管区域とする福祉に関する事務所を設置することができる」となっていることから設置は任意とされています。

（２）福祉事務所の組織体制

厚生省（当時）は、1953（昭和28）年に「福祉事務所運営指針」を策定し、①生活保護法、②児童福祉法、③身体障害者福祉法の福祉三法の適正執行を図るため福祉事務所組織のあり方を示しました。しかしながら、当時の福祉事務所の業務の実態は、生活保護の運営が大部分を占めていました。

その後、1960（昭和35）年に精神薄弱者福祉法（現・知的障害者福祉法）、1963（昭和38）年に老人福祉法、1964（昭和39）年に母子福祉法（現・母子及び父子並びに寡婦福祉法）が新たに成立し、福祉事務所は、これらの福祉六法を担当する実施機関となりました。このように業務が大幅に拡大されたことから、生活保護業務以外の福祉五法の実施体制を強化する必要性に迫られました。そのため、福祉五法担当職員の増員が図られ、福祉六法に対応するための福祉事務所として再編整備されました（岩田　2005：159）。

その体制を確立するため、1970（昭和45）年に厚生省社会局長及び児童家庭局長の連名通知「福祉事務所における福祉五法の実施体制の整備について」が各都道府県知事及び指定都市市長宛てに出されました。それまでの福祉事務所は、庶務課と保護課の２つの課が設置されており、身体障害者福祉司、知的障害者福祉司、老人福祉指導主事がそれぞれ保護課内で独立して置かれケースワーカーの指導にあたっていました。新たな通知においては、福祉六法を生活保護法とそれ以外の五法に分け、生活保護法については、従来どおり保護課が所管し、新たに福祉課を設置し福祉五法を所掌することになりました。これにより、身体障害者福祉司、知的障害者福祉司、老人福祉指導主事は福祉課に所属することになりました（岩田　2005：159）。

（３）業務内容

福祉事務所の業務内容は、その設置者によって異なります。市町村（特別区を含む）が設置する福祉事務所の場合、社会福祉法第14条第６項の規定により、生活保護法、児童福祉法、母子及び父子並びに寡婦福祉法、老人福祉法、身体障害者福祉法、知的障害者福址法の各法で定められている援護、育成又は更生の措置に関する事務のうち市町村が処理することとされているものを所掌します。

都道府県が設置する福祉事務所の場合は、同条第５項の規定により、生活保護法、児童福祉法、母子及び父子並びに寡婦福祉法の各法に定める援護又は育成の措置に関する事務のうち都道府県が処理することとされているものを担当します。

前述したとおり町村は福祉事務所の設置が任意とされていることから、設置していない町村については、都道府県の福祉事務所が老人福祉法、身体障害者福祉法、知的障害者福址法の各法に定められた事務を行うことになります。

（４）配置される職員

福祉事務所に配置される職員は、業務内容によりそれぞれ異なる法律で規定されています。生活保護業務においては、社会福祉法第15条で①指導監督を行う所員、②現業を行う所員、③事務を行う所員が定められています。指導監督を行う所員は、同条第３項で「所長の指揮監督を受けて、現業事務の指導監督をつかさどる」とされており通常、査察指導員と呼ばれています。現業を行う所員は、同条第４項で「所長の指揮監督を受けて、援護、育成又は更生の措置を要する者等の家庭を訪問し、又は訪問しないで、これらの者に面接し、本人の資産、環境等を調査し、保護その他の措置の必要の有無及びその種類を判断し、本人に対し生活指導を行う等の事務をつかさどる」とされています。査察指導員及びケースワーカーは、共に「社会福祉主事」でなければなりません。

ケースワーカーの定数としては、同法16条で、都道府県の設置する福祉事務所では、被保護世帯の数が390世帯以下であるときは６人とし、被保護世帯数が65世帯を増すごとに、これに１人を加えた人数とし、市の設置する福祉事務所においては、被保護世帯数が240以下であるときは３人とし、被保護世帯数が80を増すごとに、これに１人を加えた人数、町村の設置する福祉事務所においては、被保護者世帯数が160以下であるときは２人とし、被保護世帯数が80を増すごとに、これに１人を加えた人数とされています。

このように、ケースワーカー１人あたりの被保護世帯数は、都道府県設置の場合65世帯、市町村の場合80世帯とされています。この数は、1999（平成11）年の地方分権一括法に伴う社会福祉事業法の改正時に、「法定」数から「標準」数へと変更されました。

（5）職員の専門性

査察指導員及びケースワーカーに求められる「社会福祉主事」とはどのような資格なのでしょうか。社会福祉法第19条では、「社会福祉主事は、都道府県知事又は市町村長の補助機関である職員とし、年齢20年以上の者であって、人格が高潔で、思慮が円熟し、社会福祉の増進に熱意があり、かつ、次の各号のいずれかに該当するもののうちから任用しなければならない」と規定されています。条文中の“次の各号”の主なものに、大学で厚生労働大臣が指定した科目のうち、３科目以上履修し卒業したものという項目があります。いわゆる“３科目主事”と呼ばれる資格者です。指定科目は、表２のとおりです。

表２　社会福祉主事の資格に関する科目

社会福祉概論、社会保障論、社会福祉行政論、公的扶助論、身体障害者福祉論、老人福祉論、児童福祉論、家庭福祉論、知的障害者福祉論、精神障害者保健福祉論、社会学、心理学、社会福祉施設経営論、社会福祉援助技術論、社会福祉事業史、地域福祉論、保育理論、社会福祉調査論、医学一般、看護学、公衆衛生学、栄養学、家政学、倫理学、教育学、経済学、経済政策、社会政策、法学、民法、行政法、医療社会事業論、リハビリテーション論、介護概論

出典：厚生労働省「社会福祉主事任用資格の取得方法」

福祉系の大学にしか設定されていない科目が多くありますが、文科系の大学の一般教養科目で設定されているものもあります。例えば、経済学部の学生が、「経済学」、「民法」、「経済政策」を履修した場合、それだけで「社会福祉主事」の任用資格を得ることになります。専門性の確保という面からは、問題があるといえるのではないでしょうか。

また、「年齢20年以上の者であって、人格が高潔で、思慮が円熟し、社会福祉の増進に熱意があり」という規定がありますが、実際に福祉事務所の現場をみても、福祉系ではない大卒新規採用職員が、最初に福祉事務所のケースワーカーとして配置されることも決してめずらしくありません。年齢要件はクリアしても、他の要件に合致しているかどうかはいささか疑問が残ります。若いからいけないということではありませんが、生活保護受給者の大半は高齢者であり、受給に至るまでの間において、解決できない様々な問題を抱えた人も多いことから、被保護者の相談業務に携わるには、法律が規定する社会福祉主事として本来の要件を備えた職員が対応するべきと考えます。

7　生活保護制度の現状と課題

ここまで、生活保護制度の概要についてみてきました。最後に、生活保護制度の現状と課題について考えてみたいと思います。

（1）日本国憲法と生活保護制度

前述したとおり、生活保護法は、憲法第25条が規定する「国民は、健康で文化的な最低限度の生活を営む権利を有する」という条文の実現を目的としています。

この原理は制度の根幹として重要な考えでありますが、武藤博己はもう一歩立ち入って考えるべきだと指摘しています（武藤　1997：2－3）。つまり、第25条にのみ生活保護法の根拠を求めた場合「最低限度の生活」が強調されることになってしまうという懸念です。憲法第11条で「国民は、すべての基本的人権の享有を妨げられない。この憲法が国民に保障する基本的人権は、侵すことのできない永久の権利として、現在及び将来の国民に与へられる」とあり、この基本的人権は憲法第12条で「国民の不断の努力によつて、これを保持しなければならない」と定められています。すなわち「基本的人権の尊重」が「最低限度の生活」より優先されるべきであると考えます。

続いて、憲法第13条で「個人として尊重される」、「生命、自由及び幸福追求」について規定され、それらを具体化するために第14条以下の個別の規定につながると考えられます。憲法第３章は「国民の権利及び義務」の構造として、その他に「勤労・納税の義務」も規定されています。とりわけ実社会において、「勤労」、「納税」の義務がなかば強制されている以上、それと同等に「基本的人権の尊重」が権利として国民に付与されると考えるべきです。「いうまでもなく、幸福追求権の一環として生活保護を位置づけるならば、むしろ『健康で文化的な』が強調される最低限度の生活の保障として機能しなくてはなりません」（武藤　1997：２）とあるとおりです。こうしたことを普遍化することで、生活保護受給に対するスティグマを払拭することができ、被保護者に対する劣悪な環境を強いる行為が防止できると考えられます。

（２）自立助長の考え方

国家責任の原理で触れたとおり、生活保護法の第１条には、「自立を助長することを目的」とするとあります。しかしながら、保護適用の現場において、本来の主旨とは違った形で運用されてきたこともありました。すなわち「自立の助長」が目指すところを「保護廃止」と短絡的に結び付け、被保護者の生活状況を掌握しないまま経済的自立を押しつける処遇が行われたことがあったのも事実です。

近年は、「自立」の概念も新しい考え方が示され、必ずしも経済的な自立に捉われるのではなく、「半福祉・半就労」というスタイルや「日常生活自立」、「社会生活自立」をさらに志向することも大切であると考えます。

（３）保護の補足性の原理

法第４条で触れた「保護は、生活に困窮する者が、その利用し得る資産、能力その他あらゆるものを、その最低限度の生活の維持のために活用することを要件として行われる」という条文ですが、これをそのまま受け入れるならば、保護を受けるにあたっては、資産を売却し預貯金もすべて費消し最低生活が維持できない状態に陥らないと申請ができないことになります。失業や傷病等により一時的に収入が減少した世帯においては、収入状況が改善し保護から脱却しても必要なストックを処分しており不安定な生活を余儀なくされると考えられます。これでは、却って生活保護からの脱却が困難となり、その後の生活再建は長引いてしまいます。

「高齢者」や「障害者」といった世帯と、経済的自立の可能性が高い世帯とは、この規定については相いれないと考えます。法改正により、2018年から生活保護から脱却する際に「就労自立給付金」が支給されるようになりましたが、さらに思い切って、制度の入り口から再構築し、就労による自立が望める場合、「補足性の原理」を緩和することも必要と考えます。

また、同条第２項には「民法に定める扶養義務者の扶養及び他の法律に定める扶助は、すべてこの法律による保護に優先して行われるものとする」とあります。

親族と20年音信不通の場合やDV被害者など特別な場合を除き、実務的には保護申請の際に、福祉事務所から申請者の扶養義務者に対して「扶養照会」が行われています。申請者の立場から論じれば、生活保護の申請をするまでに、親兄弟をはじめ親戚等に援助の依頼をしてきたケースが多く、それでも生活が立ち行かなくなっている状態であることから、民法上の扶養義務者とはそもそも関係性が切れている人が少なくありません。

実際に筆者が福祉事務所でケースワーカーをしていたとき、申請のあった十数件の新規開始のケースで親族が扶養照会に応じて金銭的な支援を申し出たケースは１件だけでした。しかもその内容は１回だけ数万円の援助をするというものであり恒常的な支援ではありませんでした。

家族はともに助け合うという考え方を否定するつもりはありませんが、良くも悪くも個人主義がこれほど浸透した現代社会においては、扶養照会の意義は薄れており、むしろスティグマを助長し、本来必要な人の申請を躊躇させる方向にしか働かないような気がします。

「単に民法上の扶養といい、英国や米国の例に見られるように生活保持の義務に限定しなかったのは、我が国情が未だ其処迄個人主義化されていないからである」（小山　1951：120）とあることから、家族の関係性が比較的に強かった時代からそれが弱くなった現代では、扶養照会について再考の余地があるといえるのではないでしょうか。

第2章

生活保護担当の仕事

担当：松浦　賢治

1 はじめに

読者の皆さん、初めまして。本書を通して皆さんとお会いすることができて、幸いに存じます。

読者の皆さんは、「生活保護担当って、どういう仕事なんだろう」「大変そうだけど私に務まるのだろうか」「どうしたら仕事を覚えられるんだろう」等々、様々な疑問や期待、そして不安を抱きながら、本書を手に取っているでしょうか（本章では、一般に「地区担当員」「ケースワーカー」等と呼ばれている職名を「生活保護担当」と呼ぶこととします）。それらのニーズに全てお応えする力量は、私にはありません。

私は、生活保護担当としての経験は一応６年間ありますが、いずれも勤務地は離島の極めて小規模な実施機関であったため、担当ケース数は25世帯程度、いわゆる「困難ケース」もないに等しく、今思えばのどかな日々でした。そういう意味では、生活保護担当としての経験値が豊富にある訳ではありません。また、社会福祉主事の通信講座は受けましたが、研究者ではないので、アカデミックに生活保護の援助技術を論じられる訳でもありません。それらについて学びたい方は、既に様々な入門書が出されているので、別途ご参照いただければと思います(注1)。

では、「ないない尽くし」の自分に何ができるのか、私なりに考えてみました。そこで思い至ったのが、「様々な立場から生活保護に関わってきた」ということです。前述の生活保護担当の他に、郡部福祉

（注１）入門書として、次の２冊がおすすめです。
新保美香『生活保護実践講座　―利用者とともに歩む社会福祉実践―』（全国社会福祉協議会、2018年）
池谷秀登『生活保護ケースワーカーのあなたへ』（全国社会福祉協議会、2020年）

事務所で査察指導員を経験しました。また、本庁職員として、指導監査の検査員、福祉事務所から寄せられる疑義照会の対応なども経験しました。これらの経験から、福祉事務所の、中でも生活保護担当の方々の状況を多面的に体得してきたことが、自分の強みではないかと考えました。本章では、その強みを活かして、生活保護担当のありのままの仕事ぶりに迫ってみたいと思います。特に、従来の入門書では取り上げられることが少なかった生活保護担当の事務処理について、できるだけ具体的に紹介します。

読んでいくうちに、大変そうだと音を上げてしまう方もおられるかもしれません。現場の厳しさはお伝えしなければいけませんが、一方でこの仕事ならではのやりがい、喜びもあります。美化することも貶めることもなく、等身大の生活保護担当の実態を描く中で、読者の皆さんがこの仕事の面白さとやりがいを感じ取り、できればこの仕事に少しでも長く関わっていただければと願っています。

2　生活保護担当の一日

皆さんの中には、漫画『健康で文化的な最低限度の生活』(注2)をご覧になった方が多いのではないでしょうか。この作品は、大学を卒業し区役所職員となった主人公義経えみるさんが、福祉事務所に配属され、生活保護担当として奮闘し成長していく姿を描いた力作で、綿密な取材に基づいたストーリー展開は、福祉事務所の実態をリアルに表しています。一時期テレビドラマ化されたこともあり、これまで注目されることの少なかった生活保護の世界が脚光を浴びる機会にもなりました。

とはいえ、漫画はどうしてもストーリー展開に注目が向くので、改めて仕事の内容を体系的に整理することは、それなりに意味があることです。という訳で、まずは、架空の生活保護担当の“Xさん”をモデルにして、標準的な一日の仕事の流れを見ていきましょう。なお、実際の仕事のやり方の細かな部分は福祉事務所によって異なるので、ご了承ください。

（1）8：30　病院からの電話

朝8時30分。福祉事務所に出勤したXさんは、ウォームアップで机周りの雑巾がけを済ませ、今日のスケジュールの確認を始めました。すると、目の前の電話が鳴りました。電話の相手は、市立病院の医事課職員です。Xさんの担当ケースのAさんが、昨夜自宅で入浴を終えて風呂桶からでる際に転倒し、自力でどうにか救急車を呼んで入院となった、という一報でした。Aさんは80歳代の単身女性。ADL（日常生

（注2）柏木ハルコ『健康で文化的な最低限度の生活（1）～（9）』（小学館、2014年～2020年）

活動作）の衰えはあるものの、これまでは介護ヘルパーを入れながら何とか単身でアパート生活を続けてきました。

Ｘさんは、取り急ぎ医療担当に医療券と要否意見書の発行を依頼。Ａさんの担当の居宅介護支援事業所のケアマネジャーにも連絡し、今日以降予定していたサービスの利用をキャンセルしてもらいました。他にも、様々な考えが頭をよぎります。「入院期間が１か月以上になりそうなら今月の締日までに入院変更しないと、骨折だと年齢的に６か月以内の退院が無理かもしれないので住宅扶助の継続計上は厳しいかも、アパート復帰が無理になった場合を想定して介護保険施設入所やアパートの引払いの段取りも考えておかないと」等々。ちょうど明日、別ケースの関係者会議で市民病院に行く予定があったので、併せてＡさんの様子を見てくることにしました。

朝一番の時間帯は、特に週明けの月曜日は、このように医療機関からの連絡が多くなります。福祉事務所が閉庁している夜間・休日中でも、医療機関の現場は動いているからです。Ａさんのような居宅ケースの入院以外にも、長期入院ケースが死亡した場合、生活保護を受けていなかった住所不定者が路上で倒れ救急搬送された場合なども、福祉事務所に連絡が入ります。前者の場合は親族への連絡や葬祭扶助の手配、後者の場合は早急に病院訪問して保護申請意思の確認と、生活保護担当は最優先で動かなければなりません。

（2）10：00　変更処理

午前10時、郵便物が届きました。大半が、ケースから提出される収入申告書や一時扶助の申請書です。庶務担当が担当者ごとに仕分けして配付してくれます。Ｘさんの担当ケースからは、今日は就労ケースの今月分給与の収入申告書が３件、一時扶助申請書が５件です（内訳は、通院ケースの移送費３件、入院ケースのおむつ代２件）。全て収受印を押印し、一時扶助申請書の内容を「収受簿」に記載します。収受簿の目的は一時扶助の処理漏れ防止で、福祉事務所職員の事務懈怠があとを絶たないことを受け、厚生労働省の指導により、近年徹底されるようになりました。

さて、次は変更処理です。まずは申告書・申請書の記載内容が正しいかどうか、添付された挙証資料（給与明細、通院証明書、タクシー領収書、おむつのレシート等）を突き合わせて確認します。さらに、移送費とおむつ代は給付要否意見書と突き合わせ、給付が認められている期間内かどうか確認します。以降の作業は、項目のみ記載します。

①　生活保護システムに変更内容入力
②　決定調書及び決定通知書を出力し内容確認
③　ケース記録に記事書き
④　「②」「③」及び提出された書類一式をまとめ、査察指導員に決裁を回付

個々の工程は単純作業ですが、まとまった件数になるとそれなりのボリュームになります。作業中にも、関係機関から保護受給証明書や検診命令書の発行依頼等の電話が断続的に入ったりするので、それらにも対応しなければなりません。Ｘさんはどうにか頑張って、午前中に変更処理を終わらせることができました。

（3）13：00　来所対応―ケースが事務所にやってきた

お昼休み明けの13時、新規に保護開始となったＢさんが来所しました。Ｂさんは20歳代の単身男性。中学校卒業後、ずっと建設作業員と

して働いてきましたが、景気低迷により雇止めに遭い、同じ業界で求職活動を続けるも採用に至らず、所持金も底を突いて保護申請に至りました。

保護開始時の手続き・説明は相当なボリュームがあり、生活保護担当、ケースともエネルギーを要します。まず、Ｘさんから開始の決定通知書を手渡すとともに、経理担当者に同席してもらい現金で初回保護費を支給します（生活保護担当が現金に触れることは、不正防止の観点からNGとなっています）。続いて、福祉事務所で作成している「生活保護のしおり」を用いて制度の説明をします（説明内容は第１章のとおりなので割愛します）。そして、生活保護法（以下「法」という）第61条に定める被保護者の届出義務について説明を受けた旨の「確認書」に署名捺印してもらいます。

生活保護本体の手続きが終わると、今度は他法関係の話に移ります。Ｂさんは失職前から会社の従業員ではなく「請負」という形態での就労だったため、国民健康保険に加入していました。しかしながら、生活保護受給中は、国民健康保険加入者はその資格を喪失します。本来はＢさんが自ら市役所の国民健康保険課に出向いて手続きすべきところですが、Ｘさんの勤務先福祉事務所では手続き漏れ防止のため、ケースの同意を得た上で保護開始時に保険証を預り、国民健康保険課に返却する取扱いとしています。Ｂさんにその旨説明し、今後は医療にかかる際は福祉事務所で医療券をもらって受診するよう、改めて説明します。また、被保護者が受けられる公共料金の減免制度（NHK受信料、水道の基本料金。自治体によってはこれ以外にごみ袋の無料配布などを実施しているところもあります）について説明し、申請書を書いてもらいます。申請書には、面接終了後、簡易決裁の上福祉事務所長の公印を押し、各所管部署に直接提出します。

普段書類記入をやりつけないＢさんはここまでで少々グロッキー気味ですが、もうひと頑張りしてもらう必要があります。保護開始で取り敢えずＢさんの最低限度の生活は保障されることになりましたが、生活保護のもう一つの目的である自立助長の話をしなければなりません。Ｂさんは健康面では特に問題はなく、Ｘさんが申請時の家庭訪問をした際も、「仕事が見つかればすぐにでも働いて生活保護を抜けたい」と話していました。Ｘさんは改めて、どのように仕事を探すつもりか尋ねます。Ｂさんは一瞬考え込むように沈黙した後、「実は」と切り出しました。失職後幾つもの会社を受け、面接までは行くものの、最終的にこれといった資格がないことで落とされてしまった、自分は学歴も低く持っている資格といえば普通自動車運転免許程度なのでどうしてもそこが弱点になってしまう、建設現場の仕事は好きなのでこれからも続けたい、なのでこの際できればフォークリフトや玉掛けなどの資格を取ってから求職活動した方がよい仕事が見つかるのではないかと思っている、と続けます。ここまで話してくれれば、しめたものです。「鉄は熱いうちに打て」とばかりに、Ｘさんは就労支援員に声をかけ、急遽面接に入ってもらいます。就労支援員は改めてＢさんの就労意欲を確認した上で、就労支援プログラムの説明を始めます。プログラムはＢさんの意思を尊重した上で進めること、ハローワークと連携してＢさんの希望する資格の職業訓練を受けられる制度があることなどを話すと、Ｂさんも興味を示し始めました。時間も押していたので、今日はプログラムの同意書を書いてもらうまでにとどめて、面接を終了しました。Ｂさんには後日改めて来所してもらい就労支援員と時間をかけて面接することとし、日時の約束を交わしました。

（4）14：30　家庭訪問―ケースの生活状況のチェック

14時30分、隣の係の生活保護担当“Ｙさん”と一緒に、Ｃさん宅の家庭訪問に出かけます。Ｃさんは40歳代の男性。元々は隣接市で自営業を営み、家庭を営んでいました。しかしながら、３年前に事業が失敗して倒産、離婚して妻子も失ったことを契機に鬱病を発病し、居宅生活が困難となり自宅を引き払い、市内の精神科病院に入院後保護開始となりました（生活保護は、長期入院ケース担当のＹさんが担当）。その後病状が落ち着いてきたため、退院促進の対象となり、市内に姉が在住で日常生活の見守りが可能との申出があったことから、先月Ｘさんの担当地区のアパートに転居してきました。

今日の訪問の目的は、「Ｃさんのアパート転居後の生活状況の確認」及び「生活保護担当の福祉さんから生活さんへの引継ぎ」です。Ｃさん宅をノックすると、予め同席を依頼していた姉が扉を開けてくれました。Ｃさんは話し声を聞いて布団から起きてきました。薬を調整中で調子が今一つなので、Ｘさんたちが来るまで横になっていたとの弁です。室内にお邪魔すると、冷蔵庫・洗濯機・食器棚の最低限の家具什器は揃っているものの、全体的に家財が少なく、ガランとした感じです。Ｃさんは、「引っ越したばかりなので、これからボチボチ買い揃えますよ」と、苦笑いを浮かべながら福祉さんに話しています。改めてちゃぶ台を囲み、担当者変更の挨拶を交わします。Ｃさんと姉は、初対面のＸさんに、緊張した面持ちで「よろしくお願いします。」と頭を下げていました。後は、Ｙさんが生活状況を手早く訊いていきます。内容は、日中の過ごし方、睡眠が取れているか、通院状況、訪問看護の利用状況、姉との交流状況、福祉事務所に希望すること、など。Ｃさんは、日によって波はあるものの概ね落ち着いている、調子のよい時は散歩や図書館などで気分転換をしている、通院先はタイミングをみて病院から近所のクリニックに変える予定、訪問看護には服薬管理や些細な相談に乗ってくれていて助かっている、と応じます。姉も、「毎日１回は顔を出して様子を見ています。」と続けます（協力的な親族がいてくれると、率直なところ福祉事務所はとても助かります）。さらにＣさんは、いつまでもこうしていられないので働くことも考えなければと、やや焦り気味に話します。Ｙさんは、「まずは体調を落ち着けてアパート生活を軌道に乗せることが最優先、様子を見ながら障害福祉サービスの就労継続支援（作業所）利用やボランティア参加等で徐々に体を慣らしていきましょう。」と助言。Ｃさんは気が楽になったのか、最後は微笑みながら「ゆっくり考えます。」と返します。Ｙさんから、今後のことはＸさんと相談するようお伝えし、訪問終了。

Ｘさんは当初Ｃさん宅の後ついでに同じ地区のケースを２、３件訪問するつもりでしたが、朝からバタバタしていささか疲れてきたので、訪問を切り上げて所に戻ることにしました。

（5）16：00　対応したケースの記録作成

16時、帰所。机に戻ると、不在中にケースや関係機関からＸさん宛にかかってきた電話のメモが、所狭しと貼られています。ざっと見て、時間のかからなそうな相手から順に折り返していきます。17時、ようやく一通り折返しが終わり、今日対応したケースの記録作成に取りかかります。同僚の生活保護担当たちも、訪問や来所対応を終え、着席して一息ついているところ。井戸端会議的に今日の出来事の情報交換やケースワーク上の悩み事相談、そして時には鬱憤の吐出しが始まります。17時15分からは所の閉庁時間なので、電話も鳴らなくなり、Ｘ

さんの記録作成の集中力も高まります。手元のメモ用ノートを見返しながら、今日もてんこ盛りの一日だったな、と振り返ります。

記録を書く上でのポイントは幾つかありますが、私が最も重視してきたのは、「確認した事実と担当者としての所見とを分けて書くこと」及び「箇条書きを活用すること」です（注3）。Xさんは記録作成の合間に、上司である査察指導員を捕まえて、今日の出来事の報告をします。査察指導員は、会議や都道府県本庁からの調査への対応、生活保護担当が起案した変更処理の決裁などに常に追われており、時間を取ってもらうのも一苦労です。

19時、記録を書き終え、今日は店じまい。一日が始まる頃は、先日入院給付金を受給したケースの法第63条の起案にも取りかかろうと計画していましたが、翌日に疲労を残さないことを優先し、先送りにしました。まだ残業している同僚たちに挨拶して、職場を後にします。

図6　1日のスケジュール（例）

登庁	●担当ケースが入院！急遽対応へ！	●変更処理・各種申請書の処理	昼休憩	●来所したケースの応対	●ケースの家庭を訪問	●ケースの記録作成	帰宅
	8：30	10：00	12：00	13：00	14：30	16：00	19：00

（注3）詳細は、新保・前掲（注1）26～31頁参照

Column

訪問調査の大切さ

生活保護担当時代のこと。高齢単身女性のＩさん宅を家庭訪問し、持参した変更決定通知書を見せながら説明を始めました。Ｉさんは眼鏡を取り出してかけるものの、読み辛そうな素振りです。「確かに文字が細かいな…」と思いかけたとき、Ｉさんがポツリと「この眼鏡、亡くなった夫の形見だから度が合わないのよね」と漏らします。Ｉさんの夫は、約20年前に死亡したはず。私は驚いて、思わず「Ｉさん、そんな昔の眼鏡を使っているんですか！」と叫びました。眼鏡を見せてもらったところ、確かに相当の年季が入っているのが分かります。その場で、福祉事務所長が必要と認めれば治療材料としてＩさんに合った眼鏡を給付できることを説明し、早速内地の眼科に受診に行くよう勧めました（離島で島内に眼科専門医がいないので、眼科一つかかるにも夜行船で内地に出なければなりません…）。後日、オーダーメイドの眼鏡を手に入れたＩさんは、「お陰様でよく見えるようになりました」と、お礼を述べてくれました。

夫亡き後、爪に火を点すように、不自由ながら形見の眼鏡で暮らしてきたＩさんの慎ましやかな生活が偲ばれるとともに、訪問調査の大切さを思い知らされました。

3　月間スケジュール

前節をとおして、生活保護担当の日常がいかに多忙でフル回転の日々であるかが、理解いただけたでしょうか。平常時でさえこういう状態ですが、これに加えてプラスアルファの業務量が、月単位と年単位で発生します。どのような業務があるのか、私の勤務していた福祉事務所の事例からみていきましょう。本節と次節は、ややもすると事務引継書のような味気ない文章になりがちな内容ですが、できるだけ皆さんが興味を持てるように、私も頑張って書きます。

（1）定例支給日：原則毎月5日

法第31条では、「生活扶助のための保護金品は、1月分以内を限度として前渡するものとする」とされています。この規定に基づき、多くの福祉事務所では月初に当月分の保護費を支給しています(注4)。保護費の支給方法は、大別すると「口座払い」、「窓口払い」および「病院・施設払い」の3種類です。現在は、居宅ケースの大半が口座払いですが、一部ケースは窓口払いになっています(注5)。窓口払いの理由は千差万別で、何らかの事情があって銀行口座を開設できない場合、支給日に合わせて就労支援員との面接を行う場合、返還金の分割納付に同行が必要な場合等々です。厚生労働省は、事故防止の観点から窓

(注4) 一部の福祉事務所では、返還金の口座引落しを確実に図る等の理由から、支給日を前月末にしているところもあります。法的にはこれでも問題ありません。

(注5) 2020年の新型コロナウイルス感染症流行拡大に伴い、福祉事務所によっては、「三密」回避のために窓口払いを原則廃止し、口座払いや現金書留による送金に切り替えたところがあります。

口払いを極力減らすよう繰り返し指導していますが、理想通りには中々行かないのが実態のようです。なお、「病院・施設払い」は、長期入院・入所ケースで口座がなく、現金書留等で送金する方法です。

支給日は、福祉事務所総出で窓口払い対応にかかりきりになります。朝９時、経理担当は金融機関から窓口払い分の現金を受け取り、事務所に戻ってから封詰め作業を行います。金融機関との往復には警察OBの支援員が同行し、犯罪が起こらないように目を光らせます。封詰め作業は、庶務担当係全員に所長も加わって、ダブルチェックを行います。10時30分、準備が整い支給を開始します。早い人だと10時頃から来所して待っています。概ね来所順に窓口へ来るので、生活保護担当が本人確認をした上で、庶務担当係職員が保護費を渡します（俗に「面通し」といいます）。

さて、これで終われば話は早いのですが、その続きがあります。偏見を持って決めつけてはいけないことは承知の上であえていわせていただくと、窓口払いのケースの中には、理解力や金銭管理能力など、何らかの生活上の課題があり、指導が必要な場合がみられます。本来それらの課題は家庭訪問や来所面接等により働きかけが行われ改善されるべきものですが、現実には訪問しても不在が続いたり、来所の約束がキャンセルされたりと、十分な効果が上がらず、やむなく窓口払いの機会を利用して面接しているのが実態です。もちろん、保護費の支給を口実にして面接するのは好ましいことではありませんし、他の窓口払いケースの対応もある中での面接で話せることには限りがあります。そのようなジレンマを抱えながら、福祉事務所では毎月窓口払いを行っています。

午前中の窓口払いは正午で締め切ります。大半のケースは午前中に来てくれますが、中には姿をみせないケースもあります。その場合、生活保護担当がケースに電話をかけます。「寝ていた」「忘れていた」ということであれば午後に来てもらいますが、困るのは電話が通じない場合です。午後の支給時間一杯まで待ちますが、来所しなければ一旦金融機関に保護費を戻し入れ、連絡が取れてから再来所日時の調整となります。ずっと連絡が取れなければ、不測の事態が起きている可能性があるので、安否確認のため家庭訪問をしなければなりません。このようなことにも、地区担当員は注意を払わなければなりません。

16時、支給時間が終了し、経理担当が片付けを始めます。支給日の経理担当はフル回転です。

（2）締日：毎月20日前後

（1）で述べたとおり、保護費は毎月月初に支給しますが、そのためには、変更が必要なケースの処理が一定の期日までに完了している必要があります。この期日のことを「締日」といいます。私の勤務していた福祉事務所では、経理担当の支出命令書作成、会計管理局での審査、金融機関での入金手続き等に要する期間を考慮して、支給日の10開庁日前に締日が設定されていました。つまり、支給対象月の前月20日前後ということになります。

締日前の約1週間は、生活保護担当は変更処理を間に合わせるために大忙しです。毎月就労収入が変動するケース、一時扶助が発生するケースは決まっているので、申告書・申請書が提出されていなければ、催促の電話をかけます。新規申請ケースを抱えていれば、開始起案も済ませなければなりません。2（1）で登場してもらったAさんの場合のような入院基準への変更も、締日までにやっておかないと居宅基準のまま保護費が出てしまい過支給となるので、忘れてはいけません。

必要な変更処理を締日までに漏れなく行うためには、生活保護担当の進行管理能力が試されます。チェックリストを活用するなど、工夫してみてください。

変更処理の件数も、平時とは桁違いに増加します。締日前日は戦場のようで、この日ばかりは訪問に行く生活保護担当はまずいません。夜の20時、21時まで残業する職員も珍しくありません（中には休日出勤する人もいます）。締日当日は、午前11時が査察指導員への提出期限です。締切間際まで時間との戦いです（経験者としていわせていただくと、査察指導員も必死に審査しています）。

締切時刻が過ぎると、直ちに経理担当からエラーリストが渡され、修正を依頼されます。エラーの種類は様々ですが、最も多いのが、代理納付をしたり法第78条の２に基づき保護費を天引きするはずが、収入増等により天引き分の保護費が支給されないというものです。起案時に気づければよいのですが、件数が多いとどうしても漏れてしまうことがあります。早急に本人支給等への変更処理を行います。エラー修正が終わると、今度は経理担当から自分の担当する全ケース分の支給明細書が渡され、再度チェックを行います。自分の担当ケースの保護費の金額や家賃の代理納付先が正しくなっているか等をチェックし、経理担当に報告します。

ここまでで、生活保護担当の変更処理に関する業務はようやく終了となります。締日の午後から２日半はシステム停止期間なので、変更処理ができません。生活保護担当にとっては、束の間の羽を伸ばせる時間になります。この期間は、集中的に訪問に出かけたり、たまっている記録作成や法第63条起案に勤しんだり、思い切って休んだりと、生活保護担当は思い思いに活用しています。

（3）ケース診断会議—重要案件の検討

ここからは、（1）（2）で述べた保護費の支給絡みとはやや趣の異なる話です。

福祉事務所では、通常の変更処理のような定例的な案件は書類の決裁により意思決定を行いますが、組織として慎重に検討すべき重大な案件については、所長等幹部職員を交えたケース診断会議により方針を決定することとなっています（福祉事務所では「ケース診」と略称で呼ばれることが多いです）。

ただでさえ忙しいのに、わざわざ時間を空けてケース診断会議を開く意義は、どこにあるのでしょうか。私なりに次のように考えてみました。

ア　管理職が参画することにより、意思決定の過程が明確になること

☞後で管理職から「そんな話は聞いていない」と言われないためにも、管理職の参画は大事です。

イ　他の生活保護担当が加わることにより、より多面的な検討が可能となること

☞「私の担当ケースではこうした」「この部分の検討が足りないのでは」といった経験・知見を引き出すことで、思わぬ解決策が見出されることがあります。逆に、議論が迷走して収拾がつかなくなることも…。メンバーの意見を引き出し、整理し、着地させるのは、司会を務める査察指導員の力量です。

私の勤務していた福祉事務所では、毎月２回定例的にケース診断会

議を開催していました。議題をエントリーする生活保護担当にとっては、このための資料作成も、結構大変です。参考として、ケース診断会議で検討すべき事項を以下に例示します。私の査察指導員時代に検討していた項目を、感覚で頻度の高い順に並べました。

①未申告収入の処理方法（法第63条か第78条か）

②法第63条返還金の自立更生免除の可否

③法第27条による文書指示の可否

④法第62条の指示違反による不利益処分の可否

⑤辞退届による廃止の可否

⑥敷金等支給の可否（転居を認めるか否か）

⑦住宅扶助等特別基準認定の可否

⑧自動車保有の可否

⑨暴力団ケースに対する保護適用の可否

⑩高校生のアルバイト収入からの進学等費用積立の可否

⑪その他援助困難ケースに対する援助方針の策定

ケース診断会議の本来の目的は、平たくいうと、「よりよいケースワークを行うために所内で知恵を出し合うこと」にあります。前記の検討項目でいえば、「⑪その他援助困難ケースに対する援助方針の策定」がこれに当たります。しかしながら、実際は前述のとおり法第63条・78条絡みの議題が常に上位を占め、本来の「ケースワークのためのケース診」には中々手が回らないのが現状です。特に、４で述べる課税調査後は、毎回のように「①未申告収入の処理方法」が次々とエントリーされるので、それを捌くことに追われてしまいます。ケース診断会議に限らず、事務処理に追われて自立助長のためのケースワークに腰を据えて取り組めないのは、どこの福祉事務所でも共通の悩みです。

（4）事務研究会―関係職員が「全員集合」

役所では、どこの部署でも「係会」等の名称で当該部署の職員全員が集まる機会があると思います。事務研究会は、生活保護担当係の係会のようなものですが、参加者・ボリュームともそれより一回り大規模なのが一般的です。

私の勤務していた福祉事務所では、月１回、午前中の半日を費やして事務研究会を開催していました。参加者は、所長、査察指導員、生活保護担当は勿論のこと、庶務担当係長、各支援員・専門員、さらには生活困窮相談委託先まで、まさに「全員集合」しての会議でした。議事は、前半が所長以下各職員からの連絡・報告、後半は所長・査察・生活保護担当が残って「ケースワーカー会議」というものを行っていました。

前半の部でのメインの発題者は査察指導員で、国・本庁から出された通知をかみ砕いて解説し、また、生活保護制度を巡る最新の動向を周知します。支援員・専門員からの報告も、生活保護担当と連携してくれている彼ら・彼女らの動きを知る上で重要です。後半の部では、査察指導員が調査等の宿題を生活保護担当に割り振ったり、地区担当員同士で生活保護システム入力や書類作成時の細かなルールを検討するなどしていました。事務所全体、ひいては生活保護行政全体を知る上で、生活保護担当にとって事務研究会は不可欠のチャンネルであり、私自身査察指導員として部下の知識・情報が常にアップデートされるよう、事務研究会では心を砕いてきたつもりです。

一方で、事務研究会が実質的に国・本庁からの指示事項を伝える「上意下達」の場に終始してしまっているのも事実です。「事務研究会」という名称からして、本来は生活保護担当同士で討議研究し、援助技術の向上や業務の効率化が図られるのが理想ですが、中々それだけの時間が取れず、生活保護担当もそこまでの余力がないのが、悩ましいところです。

図7　月間スケジュールの例

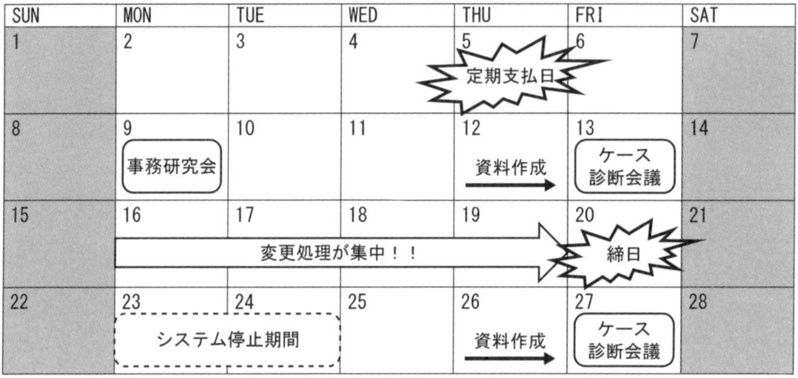

Column

クレーム対応

クレームには、大別するとケースからのものと関係機関からのものとがありますが、ここでは後者の事例を紹介します。

査察指導員時代のこと、末期癌を患っていた単身男性のＪさんが、入院先で亡くなりました。入院中おむつ代が発生しており、病院からの請求を受けて福祉事務所で支払っていましたが、死亡月分については、死後の行政処分が無効となるため、支払うことができません。当然病院は怒ります。ベテラン職員の忠告に従い、私はＪさんの担当の生活保護担当と一緒に病院に向かいました。先方は事務長と次長が登場。「他の福祉事務所では支給してくれている。お宅の事務所だけ違うのはおかしい」とクレームを仰います。私は、法的に支給できないことを繰り返し説明するしかありません。平行線のやり取りの末、先方も見込みがないと見込んだのか、矛を収めました。

その後は、今後同様の事例が発生した場合の対応に話題が移ります。早い話、「どうすれば死亡月分のおむつ代を出してくれるのか」ということです。原則、出せないものは出せないので、ケースバイケースで考えましょうと半分お茶を濁した形で打合せが終わり、事務長が退室したところで、次長が「本当に方法ないんですかね。例えば○○というのはどうなんですか」と、ダメ元口調で呟きました。恥ずかしながら私は次長がいう○○の方法（具体的な内容はここでは割愛します）は全く頭にありませんでした。

しかしながら、その場で吟味したところ、法的に問題ないように思えたので、持ち帰って検討することにしました。帰所後、所長と経理担当に相談。通常の方法に比べ、福祉事務所、病院ともひと手間かかるものの、適法な支給であるという結論に至りました。早速病院に連絡し、医事課の事務担当者に○○の方法による場合の病院側にやっていただく作業を説明。先方の了解が得られ、一件落着となりました。

　本事例から私が学んだクレーム対応の要諦は、５（２）で述べるとおり、「素早く出向いて説明すること」です。ケースのクレーム対応についても、基本は同じだと思います。

4　年間スケジュール

前節で、月間スケジュールをみていただきました。保護費を毎月支給する都合上、生活保護担当の業務はかなりの部分が月単位で動いています。一方で、1年のうち特定の時期に発生する業務もあります。本節では、それらの業務のうち主な項目に絞って説明します。

（1）児童扶養手当認定額の変更

児童扶養手当は、主に一人親世帯の養育者に支給される手当です。手当の金額は、物価上昇率等により改定される場合があります。また、手当受給者の所得により金額が区分されているため、手当の算定基礎となる対象所得が前々年分から前年分に切り替わる際にも、金額が変わる可能性があります。

被保護者の場合、母子加算が認定されているケースは、まず児童扶養手当の対象になると考えてよいでしょう。逆にいうと、母子加算が認定されているが児童扶養手当が収入認定されていないケースは、手当の申請漏れまたは認定漏れの可能性があるので、確認が必要です。

手当を認定されているケースは、金額改定時（5月1日付および7月1日付）および対象所得年切替り時（1月1日付）に、それぞれ変更が発生します(注6)。そのためには、あらかじめ自分の手当受給ケースをリストアップし、進行管理する必要があります（大半の生活保護システムでは、条件設定すれば出力できると思います）。その上で、対象ケースに変更後の金額の収入申告を求めます。これも偏見を持っ

（注6）金額改定がない場合、所得区分が切替後も同じ場合は、金額は変わりません。

てはいけないのですが、すんなり申告してくれるケースばかりとは限らず、生活保護担当は毎年苦労しています(注7)。

（２）年金認定額の変更

公的年金は、毎年度物価上昇率等を踏まえて金額が改定されるのが通例です。改定される場合は４月分から変わりますが、実際に４月分の年金が支給されるのは６月です。これを受けて、生活保護では６月１日付で年金の収入認定額を変更する必要が生じます（俗に「ズレ認定」ということがあります）。

年金受給者の人数は、（１）の児童扶養手当受給者に比べて桁違いに多いので、その認定変更作業も、生活保護担当にとっては大仕事になります。６月になると年金受給者宛に日本年金機構から金額改定のハガキが届くので、それを集めて回るところから始まります。対象ケースをリストアップして進行管理すること、すんなり申告してくれるケースばかりでないことは、児童扶養手当の場合と同様です。

（３）課税調査

被保護者の収入は、原則として被保護者自身が法第61条の届出義務に基づき自主的に申告し、福祉事務所はこれに基づいて収入認定を行うこととなっています。一方で、福祉事務所は申告内容の妥当性を検証し、適正な保護の実施に努める必要があります。課税調査は、被保

（注７）自治体によっては、庁内連携により手当額の情報提供を受けたり、マイナンバーを活用して手当額を調査していることもあるようです。それはおくとして、法第61条に規定する被保護者の届出義務を履行してもらうために、手当額の収入申告は必要であると私は考えます。

護者が市区町村の税務課に申告した課税収入額と福祉事務所に申告した額（以下「収入申告額」という）とを突合する作業で、福祉事務所にとっては申告内容の妥当性検証のための不可欠の業務です。

突合する収入は、課税収入額、収入申告額とも調査実施年の前年分です。毎年６月には税務課で前年分の課税情報が調査可能となるので、福祉事務所は前年中に保護を受けていた全ての住民（廃止になった場合も含む）の課税情報を照会します。税務課からは、前年の課税収入の年額（給与所得、雑所得（大半が年金）等の所得区分別）、給与所得の場合は支払元の情報が提供されます。これと収入申告額とを突合する訳ですが、収入申告は月ごとに行われるので、あらかじめ前年１年分（１月～12月分）を足し上げておく必要があります(注8)。

突合の結果、金額に不一致があったケースは、不一致原因が収入の未申告によるものかどうかを検証します。しばしば見られる不一致のパターンとして、次のものが挙げられます。

ア　給料日が月末で、就労収入を翌月認定している場合

☞税法上は給料日の属する月の収入として捉えるため、生活保護の収入認定とは１か月のずれが生じます。

イ　職場から通勤交通費が支給されている場合

☞生活保護は収入として捉えますが税法上は非課税なので、誤差が生じます。

（注８）自治体によっては、生活保護システムを活用し、あらかじめ年額を算出できるようにしているところもあるようです。

ウ　年途中で年金の受給を開始した場合

☞生活保護は年金入金月から収入認定しますが税法上は支給対象月の収入として捉えるため、２か月前後のずれが生じます。

エ　収入申告が遅れて認定できず、その後課税調査前に法第63条または第78条処理を行った場合

☞対応済なので問題ありません。

オ　年途中で保護を開始又は停廃止した場合

☞課税収入に保護開始前又は停廃止後の収入が含まれている可能性があります。

これらのパターンは、不一致であっても収入未申告によるものではないので、問題はありません。しかしながら、問題の有無を判断するためには、当該不一致ケースの収入申告書、給与明細等の挙証資料、過去の法第63条・第78条の原義等をしらみ潰しに点検する必要があります。非常にエネルギーを費やす作業ですが、ある程度の場数をこなすと経験値が上がり、「どこを見れば潰せるか」の見通しが付けられるようになります。

検証の結果、なお不一致原因が不明のケースは、収入未申告の可能性が疑われます。ケース本人に事情を聴き、未申告であれば収入申告を求めます。現在も就労が続いている等継続収入であることが判明した場合は、速やかに収入認定を開始します(注9)。また、既に廃止したケースだと連絡が取れない場合もあるので、必要に応じて法第29条に基づき就労先等に調査を行います。

(注9) 厚生労働省は、遅くとも８月分保護費に継続収入を反映するよう指導しています。

これらの事情聴取・法第29条調査を経て未申告収入の詳細を確認した後、ケース診断会議を開催して、処理方法（法第63条か第78条か）を決定します。厚生労働省は、年度内に処理を終えるよう指導していますが、中々理想どおりには行かないのが現実です。生活保護担当にとっては、課税調査は年度末まで諸々の処理が続く長丁場の業務です。自分の担当ケースに未申告収入があったことを突きつけられると、生活保護担当としては多かれ少なかれショックを受けますし、ケースとのやり取りは相当に緊迫したものになります。課税調査が始まることで夏の到来を知るというのが、生活保護担当ならではの哀しい性です。

（4）資産申告書徴取

収入申告書を定期的に提出してもらうのは皆さんもイメージが湧くと思いますが、資産申告書も少なくとも12か月に1回徴取する必要があります。

私の勤務していた福祉事務所では、毎年11月に資産申告書を一斉に発送していました。原則として預貯金の通帳の最終ページのコピーを添付して返送してもらうのですが、高齢なケースでコピー機の使い方が分からなかったり、山間部でそもそも近隣にコンビニ自体がなかったりすると（郡部福祉事務所だったので、管轄地域は町村部でした）、生活保護担当は通帳の写真撮影のために家庭訪問しなければなりません（どのみち家庭訪問はする必要があるのですが…）。

さて、資産申告書は当然ながら集めて終わりではありません。申告内容の審査が重要です。提出された通帳から、未申告収入を発見することが多々あります。その場合は、（3）の課税調査と同様の流れで処理することとなります。また、保護費を節約して預金残高が多額になっているケースも稀にあります。その場合は、ケースに今後の使用見通しを聴き取った上で、特に目的がなければ必要に応じて保護の停止・廃止を行います。預貯金以外の資産（不動産、生命保険、自動車等）を保有しているケースは、資産保有台帳（査察指導員が管理している場合が多いです）と突き合わせ、内容に変更がないか確認します。保有していたはずの生命保険をいつの間にか解約していたり、逆に自動車を買っていたりしたことが判明する場合もあるので注意が必要です。一連の審査が終わったら、審査結果（問題の有無、問題ありの場合はその内容、処理方針）をケース記録に記事書きし、決裁に回します。

ここに至るまで、資産申告書提出を求める対象者のリストアップに始まり、発送・回収・審査・処理・記録回付の各工程が漏れなく行われるよう、進行管理が必要です(注10)。

資産申告書徴取では、前述のとおり福祉事務所が知り得なかった事実が諸々把握されるので、課税調査と同様、保護の適正実施のための重要な業務です。

（5）一括認定

冬季加算、期末一時扶助等、全ケースを対象に保護の変更を行う場合があります。変更内容自体は保護基準に基づいて機械的に定まるものなので、多くの福祉事務所では、このような場合、個々のケースごとに個別に処理するのではなく、生活保護システム担当者が一括して処理しています（一括認定）。

(注10) 余談ですが、私の勤務していた福祉事務所では、リストアップから収受までは資産調査員が請け負ってやってくれたので、大変助かりました。民間企業出身でExcelを自在に使いこなす方だったので、生活保護担当員ごとの回収状況をグラフ化して事務研究会で報告してくれました。

一括認定の対象となる処理は、次のとおりです。

①　介護保険料加算（7月1日付、8月1日付）および削除（3月1日付）

②　冬季加算（11月1日付）

③　期末一時扶助（12月1日付）

④　基準改定・年齢改定・冬季加算削除（4月1日付）

いずれの処理も、生活保護システムへの変更内容の入力、決定調書・決定通知書の出力までは一括で行われるものの、変更内容の確認、ケース記録への記事書き・回付、決定通知書への公印押印・発送は、各生活保護担当が行う必要があります。全ケースが対象なので、決裁も担当員ごとに段ボールで回付します。また、就労ケースや入院基準に変更するケースなどは、それらの変更処理を同時に行うため、一括認定の対象から除外し、個別に処理する必要があります。本節では生活保護担当の進行管理能力の必要性を繰り返し強調してきましたが、一括認定でも、どのケースを抜き取るのかを事前に把握し、適切に変更処理を行うためには、進行管理能力は不可欠です。

なお、①の介護保険料加算は、対象者が加算認定者に限られます。一括認定時期も介護保険の保険者（区市町村）が設定する保険料の賦課期日によって異なるので、あくまで私の勤務していた福祉事務所の事例として参考にしていただければと思います。また、②の冬季加算および④の削除時期は東京都の加算認定期間を基に示したもので、都道府県によっては異なる場合があります。

Column

コミュニケーション能力向上のカギは“観察眼”にあり!

これも査察指導員時代のこと。体調不良を理由に就労指導に乗らず、通院もしない単身男性のＫさんの生活保護担当から、家庭訪問の同行依頼を受けました。Ｋさん宅に到着し、招き入れられて室内に入ります。冷蔵庫には生協から配布されたレシピのカレンダーが貼ってあり、Ｋさんの書込みやマーカーを引いた跡があります。食器棚に目を移すと、焼酎の瓶が数本…。気付かなかったフリをして部屋の奥に目を移すと、亡くなったご両親の仏壇があり、線香の煙がかすかに漂っています。

一通り室内を目視した後、私は「Ｋさん、お料理はご自分で作っていらっしゃるんですか？」と切り出しました。Ｋさんは照れ臭そうに、「生協の宅配食品をレシピに書かれたとおりに調理しているだけですよ」と応じます。私は、「毎日続けるのは大変なことですよ、頑張っていますね」とヨイショした後、「ではお酒は？」と尋ねました。するとＫさんは、ストレスのやり場がなく毎日焼酎を１瓶空けてしまうと、バツが悪そうに答えます。明らかに飲み過ぎですが、とりあえず説教は控え、「そんなに飲んで胃腸は大丈夫ですか」と私は切り返しました。Ｋさんはさらにバツが悪そうに、実は胃痛を感じている、親父が癌で死んだから自分も胃癌になっていると思うと応じます。

この後のやり取りは割愛しますが、結局Ｋさんは胃痛を含めた体調不良で就労の自信を失っているものの、受診については、飲酒を控えるよう指導されたり、「胃癌だと宣告されること」を理由に嫌っていることが分かりました。傍目からは倒錯していますが、本人はある意味真剣、ある意味頑なです。その日は、まずは通院する方向で考えましょうということでまとめましたが、その後も受診予定日に当日キャンセルするなど、一筋縄では行きませんでした。

Ｋさんの人となりをあげつらうことが、本コラムの目的ではありません。コミュニケーション能力の向上は容易なことではありませんが、まずはケース自身と周囲の状況をよく観察することが出発点であることをお伝えしたかったまでです。

5　関係各機関との連携

前節まで、主に生活保護担当の事務仕事のあらましをみてきました。これらは福祉事務所の内部で行われる業務ですが、生活保護担当の業務は当然ながら福祉事務所の中だけで完結するものではありません。有り体にいえば、「打って出ていく」商売なのが生活保護担当であり、そのためには関係各機関との連携が不可欠です。本節では、このテーマについてみていきます。

（1）主な連携先

生活保護担当が連携する主な関係機関を表3にまとめています。

表3　主な連携先関係機関

機関名 （名称は自治体によって異なります）	連携分野
保健センター／保健所	・母子保健 ・精神保健
子供家庭支援センター／児童相談所（学校が絡む場合もあり）	・要保護児童対策協議会 ・児童虐待 ・その他児童の養護、非行等の相談
ハローワーク	・職業紹介
年金事務所	・年金受給資格の確認、裁定請求
障害福祉課	・障害福祉サービスの支給決定 ・障害者虐待
相談支援事業所	・障害福祉サービス利用計画の作成
就労移行支援事業所／就労継続支援事業所（通称：作業所）	・通所状況、通所交通費の確認

機関名 (名称は自治体によって異なります)	連携分野
障害者就労支援センター	・障害者就労の相談・訓練
介護保険課	・要介護認定 ・介護保険料の金額、代理納付に係る連絡調整
地域包括支援センター	・介護予防事業のケアマネジメント ・高齢者の総合相談 ・高齢者虐待
居宅介護支援事業所	・介護サービス計画（ケアプラン）の作成
介護保険施設	・入所相談、入所ケースの処遇に係る連絡調整
高齢福祉課	・養護老人ホーム等への措置
医療機関（相談員）	・病状照会 ・入院相談、入院ケースの処遇に係る連絡調整
医療機関（医事課）	・医療券、医療要否意見書の発行 ・おむつ代、その他入院費用支払いにかかる連絡調整
国民健康保険課	・保護開始・廃止時の国保資格喪失・取得の連絡調整
税務課	・課税調査時の前年課税収入の照会 ・(不動産保有ケース)固定資産税評価額の照会、税の減免
民生委員・児童委員	・要保護者情報の提供
社会福祉協議会	・日常生活自立支援事業等の利用 ・生活福祉資金の貸付(収入認定除外となるもの)
成年後見人／成年後見制度推進機関	・成年後見制度の利用、手続き相談・支援

（2）連携のあり方

本章で繰り返し引用させていただいている漫画『健康で文化的な最低限度の生活（7）（8）』では、子供の貧困を取り上げています。具体的なストーリー展開はお伝えできませんが、主人公義経えみるさんと同期で区役所に採用され生活保護担当となった栗橋千奈さんが、子ども家庭支援等のソーシャルワーカーと連携し、ネグレクトの母子世帯と関わり、自立まで伴走する、とても感動的な物語です。

物語に描かれた以上のものを論じることは、私の力量を超えています。私にできるのは、物語から学び取れる連携のあり方を、かみ砕いて説明することです。

ア「顔の見える関係」をつくること

言い古されていますが、連携に不可欠の要素です。関係機関には家庭訪問で外出の際に隙間の時間を見つけて足繁く通い、顔を覚えてもらいましょう。特に用件がなくても御用聞きの感覚で顔を出していれば、自ずと関係が築かれ、お互いに自然体で連携できるようになります。手前みそながら、私は査察指導員時代の３年目、年度当初に新任の生活保護担当を引率して、関係機関を挨拶周りしていました。それが「顔の見える関係づくり」にどれだけ役立ったかは分かりませんが、皆さんも生活保護担当に着任したら、チューターや査察指導員に頼んで、そのような機会を設けてもらうとよいでしょう。

イ　何かあったら出向くこと

関係機関連携は、スムーズに行くことばかりとは限りません。組織の考えに齟齬があったり、組織の利害が対立して、ギクシャクすることもあります。そのようなときは、早めに相手方に出向いて行くことをお勧めします。丁々発止の論争になるかもしれませんが、対面して本音をぶつけ合うことによって、互いの立場や限界を理解し、思わぬ解決策が見出されることがあります。最初のうちは、査察指導員や先輩生活保護担当に同行を依頼するとよいでしょう。最も避けなければいけないのは、ギクシャクした状態を放置して不信感に昂じ、連携が途切れて担当ケースに不利益を及ぼしてしまうことです(注11)。

ウ　本人の自己決定権を尊重すること

関係機関の目的は、いうまでもなく支援対象者本人の幸福を実現することです。生活保護法に引き付けていえば、被保護者の自立助長のためです。関係機関が成果を挙げるために本人があるのではなく、本人の幸福追求をお手伝いするために関係機関があるのです。本人の幸福追求の途は、本人にしか決められません。勿論、関係機関は本人の幸福のための選択肢を示し、よりよい選択ができるよう助言し、時には説得や指導指示をすることが求められますが、最終的に決めるのは本人です。綺麗ごとかもしれませんが、関係機関連携に行き詰ったときこそ、このことを見失わないでください(注12)。

(注11) 新保・前掲（注１）56～61頁も参照してください。
(注12) 本節では触れませんでしたが、生活保護担当の守備範囲（どこまでやるべきか、やれるのか）については、池谷・前掲（注１）28～33頁を参照してください。

Column

訪問時の持ち物

私が勤務していた福祉事務所では、各生活保護担当に「訪問カバン」が貸与され、訪問時には必ず持ち歩くこととされていました。この「訪問カバン」にどのような物が入っているのかを知ることで、訪問調査の実態が少しでも伝わればと思い、紹介します。

①住宅地図

☞言うまでもなく道に迷わないためのものです。入り組んだ路地だと、スマートフォンのナビでもカバーしていない場合があります。

②大学ノート

☞ケースの話を書き留めるためには必携です。

③保護のしおり、基準額表

☞ケースへの制度説明のための不可欠のツールです。

④収入申告書、一時扶助申請書

☞訪問時、ケースの側から「こういうお金をもらった」「部屋の更新料の請求がきた」と申し出てくれる場合があります。その場で書類を書いてもらいましょう。

⑤雨合羽

☞天候の急変時、雨宿りする場所もないことがあります。

⑥軍手・シューズカバー・消毒ジェル

☞これらがないと立ち入れないような家庭もあります…。

6　生活保護担当の業務

これまで、生活保護担当の業務内容を、所内のもの・所外のものと、かなり事細かにみてきました。皆さんはどのようにお感じになったでしょうか。業務量の多さ、複雑さに圧倒され、戦意喪失されてはいないでしょうか。または、「やってやる！」と闘志を更に燃やしておられるでしょうか。

本節では、前節までの内容を受けて、生活保護担当の仕事の特性について、私なりに整理してみていきます。

（１）「揺りかごから墓場まで」「オールマイティに」関わる仕事

皆さんは第３章で、生活保護の種類・範囲について学ばれるでしょうか。フライングになるかもしれませんが、保護の種類は、次の８種類です。

☞**生活扶助、教育扶助、住宅扶助、医療扶助、介護扶助、出産扶助、生業扶助、葬祭扶助**

これをみると、生活保護が、「揺りかごから墓場まで」、つまり、人の一生に関わる仕事であることがよく分かります。

生活保護担当になった皆さんは、ケースが妊娠し出産する医療機関探しに奔走することになるかもしれません（原則は他法優先で入院助産活用なので、母子父子自立支援員が中心になるでしょうが…）。出産後は世帯員増、産婦加算・児童養育加算、新生児衣料費の支給等の事務が待っています。子供が小学校に入学したら教育扶助を計上します。給食費代理納付の関係で、学校事務室や教育委員会とやり取りするかもしれません。中学３年生になれば、高校進学支援です（本来は中学入学時から働きかけておければベストですが…)。家庭訪問して保護者・子供双方と面接し、三者面談の状況や進学希望等を聴取し、高校等就学費の説明をします。自治体で独自に塾代助成や生活困窮者支援制度の学習・生活支援事業を実施していれば、その案内もするでしょう。晴れて高校入学を果たしたら、改めて高校等就学費の説明とともに、アルバイト収入の申告義務や、進学のための積立制度についても説明します。

学業を修了し就職するとなったら、就職支度費が必要になるかもしれません。病気にかかれば医療扶助の出番です。仕事を退き高齢者になれば、介護サービスの助けを借りることになるでしょう（被保険者かどうかで介護扶助の割合は異なります)。死亡して葬祭を行う扶養義務者がおらず､遺留金の金額が少なければ､葬祭扶助の適用となります。

相当端折って書きましたが、生活保護は人生のあらゆる場面をカバーするところに、他の社会保障制度に見られない特異な性質があります。また、関わる契機は生活困窮であっても、それを通して現れる人生の様々な課題に、「オールマイティに」向き合うことになります。向き合う課題は、家庭内暴力であったり、不登校、性暴力、ひきこもり、非正規雇用、障害者差別、住宅の貧困、依存症、外国人労働者、反社会的勢力であったりするかもしれません。複数の課題が複合的に絡み合っている場合も少なくありません。これらの課題は、世帯または個人の個別的要素に起因するものもあれば、社会の矛盾によるものもあるでしょう。他の社会保障制度は、ざっくりいうと制度ごとに担当する課題を役割分担させていますが、生活保護制度は「揺りかごから墓場まで」カバーする性質上、程度の違いはあれ、ケースの人生に発生する課題に、否応なしに関わらざるを得ないのです。ここにこそ、生活保護担当の難しさ、大変さがあり、また面白さ、奥深さが秘められていると私は考えます。勿論、これらの課題は福祉事務所だけで対応しきれるものではないので、前節で触れた各専門機関との関係機関連携が重要となる訳です。

漫画『健康で文化的な最低限度の生活』では、主人公義経えみるさんの先輩生活保護担当の五反田和弥さんが、職場の歓送迎会からの帰途、自分の異動希望が叶わなかった鬱憤から、路上で「こんな誰もやりたがらないドブさらいみてーな仕事‼やってらんねーんだよ‼」と、酔った勢いで後輩たちに毒づいて、その場が凍り付くシーンがあります(注13)。五反田さんの叫びは、全国の少なからぬ生活保護担当職員の声を代弁したものといえるでしょう。

誤解を恐れずにいえば、五反田さんの台詞のうち、前半部分は真実です。生活保護が「揺りかごから墓場まで」「オールマイティに」関わる制度である以上、必然的に他の制度では救えない、行き場のない人たちを相手にすることになります（生活保護制度にも限界はあるので、救えない場合も当然ありますが…）。彼等、彼女等は、社会が見落としていたり、見て見ぬふりをしている人たちかもしれません。そのような人たちに関わる訳ですから、当然汚れ仕事です。「ドブさらいみてーな仕事」です。だからといって、台詞の後半部分の「やってらんねーんだよ」となるかどうかは、受け止め方次第です。無論、そのような感情を抱くことを否定するつもりはありません。ただ、考えていただきたいのは、下水道を維持管理する職業の方がいなければ公衆衛生がたちまち崩壊するのと同様に、貧困層を支える生活保護制度がなければ、社会は大混乱に陥るでしょう。どうせやるなら、「ドブさらいみてーな仕事」に誇りを持って、少しでも前向きに取り組む方

(注13) 柏木・前掲（注２）９巻17～18頁

がよいのではないでしょうか。他の汚れ仕事に就いている方々も同じだと私は思います。

（２）時には危険なこともある仕事

まずは、最近報道された朝日新聞の記事を引用します。

> **名古屋の区役所職員、刺され搬送　殺人未遂容疑で男逮捕**
>
> （2020年７月）14日午前11時半ごろ、名古屋市の名東区役所から、「男性職員が男に刺された」と119番通報があった。区役所や捜査関係者によると、名東区役所の東庁舎１階で、男性職員（44）が背中などを刃物で刺され、病院に搬送された。愛知県警は、職員を刺したとみられる男を確保し、殺人未遂容疑で逮捕した。
>
> 男性職員は生活保護を担当。自席で仕事をしていたところ、男が近づき、男性職員を襲ったという[注14]。

加害者の男性は、その後の捜査により、被害者の男性職員が以前担当していたケースであったことが判明しています。保護受給当時の特定のエピソードに恨みを抱いて犯行に及んだという経緯のようです。

このような傷害事件にまで至るのは極端な事例であり、事件自体は許されないことですが、ケースとの関係が悪化し恨みを買うというのは、この仕事をしていれば、程度の差こそあれ、あり得ることです。詳細はお伝えできませんが、私の勤務していた福祉事務所でも、これに近い事例がありました。背景は個別に複雑な事情がありますが、共通していえるのは、相手が最低限度の生活をしている方々であるとい

（注14）https://www.asahi.com/articles/ASN7G4FKYN7G0IPE010.html?iref=pc_ss_date

うことです。ギリギリの生活をしているからこそ、お金のことには非常に敏感な方々であり、お金が不当に減らされた・もらえなかったと感じれば、そのような決定をした生活保護担当職員を恨むというのは、ある意味自然なことでしょう。たとえ、職員の立場からすれば、根拠に基づいた決定であり、いわれのない「逆恨み」であったとしても、ケースがどのような受け取り方をするかは分かりません。だからこそ、ケースとのコミュニケーションを図り、説明を分かりやすく丁寧に行うことが、通常の行政サービス以上に大切になる訳です。

しかしながら、説明を尽くしても相手が納得せず、脅迫や暴力に訴えるようになった場合は、組織として毅然と対応せざるを得ません。次に引用する記事は、京都府向日市が生活保護担当職員の処分を公表したものですが、背景にはケースの不当要求に組織的対応がなされなかったことがありました。少々長いですが、引用させていただきます。

職員の懲戒処分等の公表について（令和２年４月８日付け処分）

更新日：2020年６月11日

１　被処分者及び処分内容　（略）

２　処分年月日　（略）

３　事案の概要

令和元年５月31日から同年６月１日頃、保護受給者Aは、当時同居していた女性に暴行を加え死に至らしめました。

当該職員は、保護受給者Aから女性の死体遺棄に関与すべきとする強い要求を受け、令和元年６月１日頃、保護受給者Aとともに女性の死体に圧縮袋を被せてブルーシートで覆って隠匿し、同年６月４日頃、保護受給者A及び保護受給者Aの知人とともに女性の死体を大型冷凍庫に入れ、同年６月５日頃、死体を入れた大型冷凍庫を、事情を知らない業者に、当該職員名義で賃借したアパートの部屋に運搬させ、同日から同年６月11日までの間、同室内で死体を隠匿し、さらに同日、保護受給者Ａとともに女性の死体を同室から運び出してアパート駐車場に置いて立ち去り、もって女性の死体を遺棄したものであります。

さらに、同年６月11日、向日市の上記賃借アパートの駐車場において、ブルーシートで覆われるなどした女性の死体が発見され、同月12日、保護受給者Ａと当該職員は死体遺棄罪で京都府警に逮捕され、その後、当該職員は同罪で起訴され有罪判決を受けました。

４　処分の理由

当該職員は、今回の事案に関し、当初は不当な要求等に対して毅然とした態度を取っていたものの、死体遺棄事件発生にいたるまでの約半年間にわたり、保護受給者Ａから毎日のように長時間の電話対応を余儀なくされ、理不尽な謝罪要求や叱責を日常的に受けていたこと、このような保護受給者Ａの言動に対し、組織的な対応が適切になされず、ほぼ、担当ケースワーカー自身で対応せざるをえない状況であったことは、酌量すべき情状であります。

しかしながら、「死体遺棄」の態様は悪質であり、公務員として、かかる行為を踏みとどまる判断が必要であったことに加え、本件公務員による死体遺棄事件は報道各社に大々的に取り上げられ、社会的問題にまでに発展し、向日市だけでなく全体の奉仕者である公務員全体の信用を大きく失墜させたものであり、社会全体に与えた影響は甚大であります。

さらに、死体遺棄事件の一審判決において、情状酌量により刑の執行猶予が付されたことを考慮しても、懲役１年６か月という地方公務員の欠格事由に該当する刑の言渡しを受けたものであり、全体の奉仕者としての責任の重大さは明らかであります。

こうした行為は、法令の遵守義務違反（地方公務員法第33条信用失墜

> 行為の禁止）及び全体の奉仕者たるにふさわしくない非行（死体遺棄）であり、その責任は誠に重大で断じて許されるものではありません。
> 　よって、当該職員に対して、上記のとおり懲戒処分を行いました(注15)。

悲惨、としかいいようのない事件です。向日市がこの事件を受けて立ち上げた検証委員会の報告書では、福祉事務所の職員体制が手薄な中で、当該職員が保護受給者Ａの連日の不当要求に疲弊し、周囲からも孤立して不当要求を呑まざるを得ない状況に追い込まれていったこと、Ａに精神的に支配されるにつれて不当要求の程度もエスカレートし、「市の業務を離れた主従関係」が形成されていった経緯が、克明に記されています(注16)。

このような事案は、もはや個々の職員の手に負える問題ではなく、行政対象暴力として組織的に対応する必要があります。具体的な問題点や対応策について、ここで立ち入ることはしません。ただ、この事件で命を失った被害者女性の死と、処分を受けた職員の負った傷を無駄にしてはいけないことは確かです。皆さんが配属される職場では、このような事件が起こらないことを信じます。ただ、自分がケースとの関係で追い詰められたり、危険を感じるような状況に陥ったときは、迷わず、速やかに声を上げてください。そうすることが、自分を、組織を、そして自分が担当するケースの皆さんを守ることになるのです。

生活保護担当の仕事は、時には危険なこともある仕事です。それは、本節のこれまでのところで触れたとおり最低限度の方々の「財布の紐

(注15) https://www.city.muko.kyoto.jp/kurashi/soshiki/somu/jinnjika/1/3/tyoukai/1586324229610.html

(注16)「生活保護業務上の職員逮捕事案に係る検証委員会　検証報告書　―市民に信頼される生活保護制度となるために―」
https://www.city.muko.kyoto.jp/ikkrwebBrowse/material/files/group/16/seikatsuhogo_kensho_2020032613164849.pdf

を握る」仕事であることとともに、ケースの方々の人生に「揺りかごから墓場まで、オールマイティに」関わる仕事であること、すなわち、通常の行政サービスとは比較にならないほどに住民との距離が近い仕事であることの裏返しであるといえるでしょう。だからといって、必要以上に恐れる必要はありません。大切なことは、危険を危険と弁え、正しく対処するノウハウを持っているかではないかと、私は考えます。

（３）誘惑に直面する仕事

東京都北区の元福祉事務所職員が詐欺容疑で警察に逮捕されたことを受け、同区が2018年７月４日に報道発表した内容を引用します。

事件の概要（区の内部調査により現時点で判明している内容）

元職員は、平成22年５月から平成30年３月までの間、担当する生活保護受給者12人が死亡・転出しているにもかかわらず、「死亡・転出廃止」の事務処理を行わず、当該死亡者・転出者と面接したことを示す虚偽の「面接カード」を作成・提示して経理担当を欺くなどして、当該死亡者・転出者の生活保護費を区から不正に支出させ、その一部を自らの生活費や遊興費などに使うために騙し取っていました。元職員が認めている不正支出は、現時点で12件、約6,500万円となります。

一方、経理担当を欺いた「面接カード」については、区の文書保存年限が１年であるため、詐欺行為の裏付け資料として提出できる平成29年４月から同年10月までの期間における面接カードが現存する死亡者３人分の不正支出額を219万9,240円と確定し、区は、平成30年６月15日付で元職員を詐欺の罪で王子警察署に告訴していました[注17]。

職員による保護費の詐取等不正事案は、残念ながら全国の福祉事務所で毎年のように発生しています。このような事案が起こると、当然ながら当該職員は処分され、一生を棒に振ることになります。福祉事務所は、事実関係の調査、被害ケースへの謝罪、当該職員の担当ケースの全件点検、厚生労働省への報告、再発防止策の検討、職員の処分、プレス発表、市民からの苦情対応等に追われます。通常業務は後回しになり、何よりも、福祉事務所に対する被保護者ひいては住民の信頼は失墜し、取り戻すのは並大抵のことではありません。

福祉事務所職員であればこんなことは百も承知のはずなのに、何故同じ過ちが後を絶たないのでしょうか。組織運営の観点からすれば、チェック体制の不備、特定職員への権限の集中、文書保管の乱雑さなどが挙げられるでしょう。それらは組織の管理体制の問題であり、厚生労働省も監査で厳しくみているところです。一方で、事件を起こす職員の側からすると、「お金の誘惑」によるところが大きいことは否めないでしょう。生活保護担当は、毎月100万円単位の保護費の支給を決定しています。自治体の中でも、係員レベルでこれだけの額のお金を扱う職場は、それほどあるものではありません。

では、仮に誘惑に遭っても踏みとどまるには、どうしたらよいのでしょうか。勿論、自制して公務員倫理を遵守することは必要です。けれども、もっと大切なことは、生活保護担当自身の私生活が満ち足りていることではないかと、私は考えます。金銭問題、人間関係など何らかの問題を抱えていて満足感が乏しいからこそ、お金の誘惑に取りつかれてしまうのではないでしょうか。どんな職業でもそうですが、生活保護担当の場合は特に、私生活のあり方が仕事ぶりに直結するものです。これ以上のことは掘り下げず、問題提起にとどめます。

(注17) http://www.city.kita.tokyo.jp/koho/kuse/koho/hodo/180704topic.html

もう１件、インターネット上で配信された記事を引用します(注18)。

> 東京都江戸川区は７月20日、生活保護受給者を支援する男性職員が担当する複数の女性に、「胸が大きいですね」などとセクハラ発言をしていたと発表した。区は男性職員を停職３カ月の懲戒処分とした。
>
> 区によると、ケースワーカーを務めていた50代の男性職員は2016年４月から18年５月、生活保護受給者の女性６人に対して、性的な発言や業務に関係のない電話・メール連絡を繰り返した。
>
> 産経ニュースによると、「胸が大きいですね」と発言したり、食事に誘ったりしていたという。
>
> 被害を受けた女性が５月24日、「前担当者から言葉による性的な嫌がらせを受けていた」と区に相談し、事態が発覚。区は男性職員をケースワーカーの業務から外した。
>
> NHKニュースによると、被害にあった女性の中には「生活保護が打ち切られてしまうと困るので言えなかった」と話している人もいる。
>
> 男性職員は事実関係を認め、「親しくなるための冗談だった。相手が不快になると思わなかった」「恋愛感情をもっていたのでやってしまった」などと話しているという。
>
> 江戸川区の福祉部長は、「被害に遭われた方に誠に申し訳なく思います。今後は再発防止に向け、職員に対する指導を徹底し、信頼回復に努めてまいります」とのコメントを出した。

言語道断であり、このような極端な事例はさすがに稀ではあるでしょうが、性的な誘惑もまた、生活保護担当に特有のものです。生活保護担当の仕事が、通常の行政サービスとは比較にならないほどに住

(注18) https://www.huffingtonpost.jp/2018/07/21/sexual-harassement_a_23486971/

民との距離が近いことを（2）で触れましたが、それ故に、特に異性のケースに対して性的な感情を抱くことは、あってもおかしくありません（逆に、ケースから恋愛感情を持たれる場合もあります）。

繰り返しますが、誘惑を受けることが悪いのではありません。大切なことは、誘惑を受けても踏みとどまれるかどうかです。性的な誘惑への対処方法は、そうなりそうなケースと２人きりになる場面を避けるの一言に尽きるでしょう。来所時、訪問時とも複数職員で対応することは必須です。できればケースと同性の職員に同席・同行してもらうのがベストです。

（4）まとめ

以上、生活保護担当の業務の特性をみてきました。ネガティブな話題が多くなりましたが、（2）（3）で言及した「危険」「誘惑」といった生活保護の業務特性は、（1）で触れたように、ケースの人生に深く関わるが故のものです。住民の人生にこれほど深く関わることは、数ある自治体の事務の中でも、そうあるものではありません。重い仕事であるからこそ、醍醐味ややりがいも他では得難いものがあります。「危険」「誘惑」は、それらの生活保護業務の魅力の裏返しで、表裏一体のものです。それさえ見失わなければ、「危険」も「誘惑」も適切に制御し、呑み込まれずに生き抜く道が開かれるのではないか、と考えるのは楽観的に過ぎるでしょうか。

とはいえ、向き不向きが如実に現れる仕事でもあります。私も別の対人援助部署にいた際に経験しましたが、明らかに適性がない場合もあるので、そのようなときは無理せず、早く他の部署に異動させてもらいましょう。生活保護担当だけが、長い公務員生活の全てではないのです。

Column

まずはケースのニーズに応えることを意識しよう！

私見ですが、「こちらが伝えたいことを上手に説明すること」よりも、「ケースが知りたいことに的確に答えること」の方が大事だと考えています。

例えば、新規相談で福祉事務所を訪れたケースが知りたいことは、「生活保護の要件」や「被保護者の権利と義務」よりも、「俺は一体いくらもらえるの？」でしょう。勿論、保護の要否は申請とその後の調査を経なければ分からないし、金額だって相談段階で確定的なことを言えるものではありません。一方で、「いくらもらえるかで申請するかどうか考えたい」というケースのニーズも、理不尽なものではありません。

私が生活保護担当時代に作成した新規相談ケース向けチラシ（「保護のしおり」の代わりのようなもの）では、最低生活費と収入認定額との関係が分かる図とともに、最低生活費の各扶助の内訳を記入できるようなシートを設けていました。面接時は、ケースから聞き取った内容を基に、その場で各扶助の金額を書き込み、最低生活費の合計額を算出してお渡ししていました。収入はケース自身が把握しているという前提で、「いくらもらえるか」は自分で計算してもらうことにしていました。あくまで試算との断りも忘れずにしていましたが…。

この方法を皆さんにおすすめするという趣旨ではありません。ただ、ケースが知りたいと思っているニーズにまず応えてこそ、こちらが伝えたいことにケースは聞く耳を持ってくれるのではないでしょうか。

7 生活保護担当の「心構え」３か条

本節では、不肖ながら私が生活保護担当時代に心がけていた事項を、３か条にまとめて開陳します。

第１条　ケースの人生に関心を持つこと

漫画『健康で文化的な最低限度の生活（1）（2）』では、主人公の義経えみるさんが、多額の負債を返済し続ける阿久沢正男さんに、法テラスでの債務整理を指導するエピソードが描かれています。

詳細は割愛しますが、当初義経さんは阿久沢さんの説得に苦戦します。しかし、面接に同席したベテランの先輩生活保護担当の半田さんの助けを借りて、最終的に債務問題を解決へと導きます。

義経さんが手を尽くしてもテコでも動かなかった阿久沢さんが、半田さんのたった１回の説得に心を動かされた原因は、どこにあったのでしょうか。それは、阿久沢さんの人生に対する半田さんの「関心」です。阿久沢さんの人となり、歩んだ道のりに対する半田さんの偽りのない関心が、阿久沢さんに問わず語りを語らせ、ついに債務整理を拒む理由を告白させました。これこそが、債務整理という問題しかみえていなかった若い義経さんに、決定的に欠けていた要素でした。

どんなに目を覆いたくなるような悲惨な人生でも、理解しがたい破天荒な人生でも、一人一人の人生はオリジナルなものです。生活保護担当が直面する問題は、そのケースの歩んできた人生の延長線上にあります。だから、ケースの人生を知らなければ、ケースの問題を解決することはできません。ケースの人生を知らない、知ろうとしない人間の言葉は、ケースの心を開く力を持ち得ません。問題を解決するのはケース自身ですが、解決しようとする決意は、ケースの人生に寄せられる生活保護担当の真剣な関心が起こすものです。

ケースの人生に関心を持つことは、ケースの人生を肯定することでも否定することでもありません。光も闇もひっくるめて、ケースの人生に向き合い、迫ることです。これは、ケースに対する「好き」「嫌い」といった感情を超えた次元の作業です。たとえ理解しがたい言動を繰り返して嫌悪感を抱いてしまうケースでも、その生き様に関心を持つことは可能です。振り回されることがあったとしても、ケースの人生に関心を持つこと、そしてその関心のバトンを担当者が替わっても受け継いでいくことが、最終的にはケースの自立につながります。池谷秀登先生は、このことを「何もしないことと時間がかかることとは別」という言葉で表現されています(注19)。

第２条　生活保護手帳を使いこなすこと

生活保護手帳（以下「保護手帳」という）は、生活保護担当にとって必携の書物です。生活保護担当の業務は、全て保護手帳に収録された法律・通知に基づいて行われます。保護手帳の正しい理解なしには、適切な生活保護業務の遂行はあり得ません。

保護手帳の具体的な内容については、第３章で解説します。本節では、保護手帳を理解することが生活保護担当にとってどのようなメリットをもたらすのかをみていきたいと思います。

（注19）池谷・前掲（注１）129～130頁

ア　ケースとの信頼関係が築かれること

生活保護担当がケースからしばしば受ける相談が、「こういうお金がかかったんだけど、保護費で出してくれるのか」というものです。それは、何らかの目的で外出し交通費を要した場合であったり、住まいに係る不具合の修繕費であったり、子供の学校から請求された費用であったりするかもしれません。常に最低限度の生活を送っているケースにとっては、些細な額の出費であっても、「保護費で出るかどうか」は、切実な問題です。

このようなときに、「出せるか出せないか」を迅速に調べて説明することは、ケースの信頼を得る上で極めて重要です。相談を受けたら、すぐに保護手帳を繙いて、移送費や住宅維持費、教育扶助など、関係しそうな箇所の法令を調べましょう。最初のうちは、先輩や査察指導員に助けてもらうことも必要です。調べた結果は、自分の中で納得するまで腹落ちさせて、確信を持って説明しましょう。勿論、出せないものは出せないので、ケースの望みに全て応えられる訳ではありません。大切なことは、ケースから投げられたボールをしっかりと受け止めて、投げ返すことです。そのキャッチボールを繰り返すことで、ケースは「この人はちゃんと分かっていてやってくれる人だ」と感じ、生活保護担当からの自立助長の働きかけにも、心を開くようになります（無論、一筋縄ではいかないケースも多々ありますが…）。

イ　ケースワークが組み立てやすくなること

漫画『健康で文化的な最低限度の生活（8）』には、主人公義経えみるさんの同僚の生活保護担当たちが、ケースワーク上の様々な課題を、保護手帳を武器にして、知恵を絞り、解決していくエピソードが登場します。5（2）で取り上げたネグレクトの母子世帯の転居の際、ゴミ屋敷状態の部屋の片づけ費用を、部屋の名義人で別世帯の祖母に対する家財処分料として支給した栗橋さん(注20)、別の母子世帯の子が高校卒業後、学生寮住込みとなる専門学校に入学するにあたり、別居の父からの指定付き援助により、収入認定にならずに費用を工面することを提案した半田さん…(注21)。

これらのエピソードに限らず、世帯分離要件や法第63条の自立更生免除の要件、法第27条に基づく指導指示の手順などは、知っていて使いこなせれば、ケースワークを組み立てる上で、強力な武器となります。保護手帳に使われるのではなく、使いこなせるようになると、ケースワークは一気に面白くなる筈です。初めは教わる一方でも、いずれは自ら保護手帳を開いて、「局長通知第○―□―△に基づいて××の一時扶助を支給したいと思いますが、よいでしょうか。」と、自分が組み立てたケースワークに査察指導員を上手く巻き込めるようになれば、理想的です。

保護手帳を使いこなすには、当然ながら学習が必要です。学習するためには、保護手帳を読まなければなりません。これは簡単な作業ではありません。ただでさえ忙しいのに、1,000頁近くの分厚い、かつ、いかめしい法律用語が延々と続く保護手帳を読み通すには、それなりの覚悟が必要です。皆さんが配属される福祉事務所の先輩方は、もしかしたら「手帳なんて読まなくても大丈夫」というかもしれません。でも私はあえて、保護手帳を通読することをお勧めします。初めはチンプンカンプンで何も分からないでしょうし、時間を無駄にしたと感じるかもしれませんが、それでよいのです。大切なことは、「どこに何が書いてあるか」を知っていることです。後日、事例に直面して保

(注20) 柏木・前掲（注２）８巻57～80頁
(注21) 柏木・前掲（注２）８巻189～234頁

護手帳を調べる必要が生じたとき、「そういえば、課長問答（第７の30）に敷金等の支給要件が書いてあったな。この事例はどれかの要件に該当するのだろうか」と思い返せるかどうかは、大きな違いです。この作業を繰り返すに従って、抽象的で手の届かなかった保護手帳の文言が、具体的で身近なツールとなっていきます。そうなるためには、初めに一度読み通すことが不可欠です。通読するためには、私生活の相当の部分を犠牲にしなければならないかもしれません。私にそうしろと命じる権限はありませんが、犠牲を払うだけの価値は、間違いなくあることだけは保証します。

第３条　保護費の支給額を間違えないこと

今でこそ、全国の福祉事務所に生活保護システムが導入されていますが、それ以前は決定調書もケース記録も手書きで、保護費の計算（程度決定）は手計算で行っていました。都内の福祉事務所では、毎月締日前になると、生活保護担当は２（２）で述べた変更処理のために、ケースから提出された申告書類・挙証資料と基準額表(注22)とを睨めっこしながら突き合わせ、電卓を叩いて最低生活費・収入充当額・扶助額を計算し、保護決定調書に書き込んでいくという風景が繰り返されていました。月途中で基準変更（退院→入院など）や世帯員の増減等があった場合は、日割り計算を間違えないように、とても神経を使いました。生活保護担当が保護費の計算に追われて本来業務のケースワークに十分注力できないが故に、「ケースワーカー」ならぬ「ケイ

(注22) 東京都本庁が毎年度都内福祉事務所に配布しているもので、各扶助の級地別基準額、勤労控除額等が一覧で掲載されています。材質がビニール、サイズがＡ４版のため、「下敷き」と通称されています。

サン（計算）ワーカー」と揶揄されていたのも、この時代でした。私は、今や「ケイサンワーカー」時代を知る数少ない化石のような存在になりました。お陰様で、日割り計算は今でも得意です…。

皆さんの時代は生活保護システムが扶助費の足上げや日割り計算をやってくれるので、電卓叩きに追われることはないでしょう（ただし、システムも間違えることはあるので、検算は必要ですが…）。けれども、システムに正しく計算してもらうには、最低生活費と収入認定額とを正しく把握し、入力することが必要です。これを誤ったり失念したりして、保護費を誤って支給してしまわないように、生活保護担当は細心の注意を払わなければなりません。

保護費の誤支給には、過大支給と過少支給とがあります。過大支給した場合は、遡及変更可能期間内なら返納又は収入充当、遡及変更可能期間超過の場合は法第63条により返還してもらうこととなります。また、過少支給の場合は、遡及変更可能期間内なら追給、遡及変更可能期間超過の場合は原則として追給不可となります（例外的に追給できる場合もあります）[注23]。いずれにしても、最低限度の生活を送っているケースにとって、保護費の誤支給額が生じることは、極論すれば生死に直結する重大事です。特に、過支給の場合、ケースにとっては正当に受け取ったつもりの保護費の返還等を求められることになる訳で、心外に感じるのも無理はありません。どんなに素晴らしいケースワークをしていても、保護費の支給を誤れば、信頼関係は一瞬にして崩れます。実際、これが原因で裁判に至る場合もあります。保護費の誤支給で一度抱かれた不信感は容易に消えるものではなく、生活保護担当が交替後も代々禍根を残します。

とはいえ、現実には毎年どこの福祉事務所でも誤支給は発生します。

（注23）『生活保護手帳別冊問答集　2020年度版』（中央法規、2020年）416～419頁

そのため、次善の策として、誤支給があってもすぐに検出し、「傷が浅い内に」是正するシステムを築くことが重要になります。これについては、各福祉事務所で査察指導員が中心となって工夫を凝らしています。組織的に策を講じるのは勿論ですが、地区担当員個人のレベルでも、誤支給を防ぐ努力が必要です。そのためには、どのような場合に誤支給が発生しやすいのか、パターンを知っておくことが有益です。参考までに、私が査察指導員時代に注意していた主なチェックポイントを挙げておきます。

☑1か月以上の入院・入所ケースの基準変更

☑精神障害者保健福祉手帳により障害者加算を計上しているケースの手帳有効期間

☞過ぎてしまうと、診断書を徴収して改めて加算の適否を検討しなければならなくなります。

☑家財保管料の計上期限

☞1年以内です。

☑賃貸借契約更新後の家賃額

☞値下げされている場合があります。

☑入院後6か月経過時の住宅扶助

☞原則、削除となります。

☑保護開始後初回の年金・手当入金月の収入認定開始

☞保護開始月は認定がなく数か月後に入金となる場合が多いので、気をつけましょう。

Column

服装の選び方

スーツ派もいれば、カジュアル派もいます。こうでなければいけないというものはありません。判断基準は、「別の住民対応をする部署でも同じ服装をするか」です。Ｔシャツやジーンズは、やはり避けるべきでしょう。女性の場合は、肌を過度に露出する服装は控えた方がよいと思います。要は、時と場合とをよく考えて服装を選ぶということです。

ちなみに私の生活保護担当時代は、離島勤務だったので、下は職場から支給された作業着のズボン、上は白のワイシャツで通していました。

8　厚生労働省及び都道府県指導監査対応

本節の内容は、生活保護担当の本来業務に付随する指導監査の話です。

ところで、漫画『健康で文化的な最低限度の生活』には、主人公義経えみるさんの勤務する東区福祉事務所が、東京都の監査を受ける場面が登場します。義経さんの担当ケースからは、アルコール依存症ケースが監査対象として抽出され、東京都保護課の山内智之さんがヒアリングの監査官を務めます。山内さんは、依存症であることを否認し続けるケースに対する働きかけの方法を具体的に助言し、義経さん自身にアルコール依存症の知識習得を勧めた上で、「アルコール依存症の人とかかわると、支援者として必要なあらゆることが試されます。」とヒアリングを結びます(注24)。

私は本章執筆中の現在、まさにこの山内さんと同じく、東京都保護課で指導監査の監査員をしています（東京都では、「監査」の代わりに「検査」と呼んでいます）。率直にいうと、指導監査のヒアリングで、山内さんのようにケースワークの中身に立ち入って懇切丁寧に助言することは、滅多にありません。少なくとも、私はここまでのアドバイスは、やろうと思ってもできません。

では、実際の指導監査はどのように行われるのか、どのように対応したらよいのかをみていきましょう(注25)。

(注24)　柏木・前掲（注２）５巻147～165頁

(注25)　2020年度の指導監査は、新型コロナウイルス感染拡大の影響により、多くの都道府県では、福祉事務所に実地に出向いての監査を中止・縮小し、書面監査により代替するなど、通常とは異なった監査手法を採っています。

（１）監査の仕組み

ア　監査の目的

監査は、法第23条に基づき、国（厚生労働省）及び都道府県（実際は政令市も）が、市町村（東京都の特別区及び政令市の行政区を含む）の福祉事務所に対して実施するものです。監査の目的について、厚生労働省（以下「厚労省」という）は、次のように示しています。

「監査は、市町村及び福祉事務所における生活保護法の施行事務につき、その適否を関係法令及び取扱指針に照らし個別かつ具体的に検討し、必要な是正改善の措置を講ずるとともに、生活保護行政がより適正かつ効率的に運営できるよう指導・援助するものであること(注26)。（下線部引用者追記）」

ここで挙げられている監査の目的は、平たくいうと、「過ちを正す」ことと「改善を助言する」ことの２点です。生活保護行政に限らず、およそ役所で行われる監査というのは、とかく前者の方に重きが置かれ、監査を受ける側は「いかにして指摘事項を減らすか」に腐心するのが常ですが、本来の監査はそのような消極的な機能に留まらず、生活保護行政がよりよいものとなるように導く積極的・建設的な機能を果たすことが期待されています。

イ　厚生労働省監査

ところで、監査は前述のとおり厚労省と都道府県が市町村に対して実施しますが、厚労省はこの他にも都道府県に対しても監査を実施します。前者を「事務所監査」、後者を「本庁監査」といいます。先に

（注26）「生活保護法施行事務監査の実施について」（2000年10月25日付社援第2393号厚生省社会・援護局長通知）

本庁監査について説明すると、これは都道府県が日頃市町村に対する指導を適切に行っているかを検討する監査です。本章執筆時現在、全国の都道府県数が47、これに政令市が20、合計67か所が本庁監査の対象となります。これだけの数の本庁監査をこなすだけでも厚労省は相当の人員・日数を割くことになります。これに加えて事務所監査を行う訳ですが、当然ながら全福祉事務所の監査はできないので、都道府県ごとに対象の市町村を抽出して監査に入ります。東京都の場合、例年２～３箇所の区市が監査対象となっています。事務所監査の際は、都道府県の職員も同席し、査察指導員等へのヒアリングに立ち会い、ケース検討の検査員も務めます。監査後は、指摘事項の改善状況の進行管理も行います。

ウ　都道府県監査

ここでは、東京都の監査を例に、都道府県監査の概要を紹介します。

（ア）監査期間

原則として、毎年度管内全福祉事務所に対して、４～５日の期間で行います。

（イ）監査の重点事項

2020年度は、次の項目を重点事項としています[注27]。

①保護の適正実施の推進

ⅰ保護の申請時等における適切な対応

ⅱ保護受給要件の的確な把握

ⅲ最低生活費の適正な計上

ⅳ保護の廃止時における適切な対応

ⅴ路上生活者等に対する保護の適正な実施

（注27）東京都福祉保健局「令和２年度生活保護法施行事務指導検査実施計画」（2020年）２頁

ⅵ訪問調査活動の充実と援助方針の策定

②組織的運営の推進

ⅰ組織的運営の推進に向けた所長等幹部職員による取組

ⅱ実施方針、事業計画の組織的な策定及び取組

ⅲ査察指導機能の充実と実施体制の整備

ⅳ適正な保護金品の支給及び返還金等の管理

ⅴ医療扶助適正化への組織的な取組体制の構築

詳細は割愛しますが、各重点事項には詳細な着眼点が設定され、福祉事務所業務全般を網羅的に監査するようになっています。

（ウ）監査の方法

①運営管理検討

福祉事務所の業務運営全般を監査します。（イ）で挙げた重点事項のうち、主に「②組織的運営の推進」の各項目がこれに該当します。監査する書類は、実施方針、査察指導台帳、課税調査の進行管理表、債権管理台帳、頻回受診者・長期入院等医療扶助関係台帳など、多岐にわたります。また、所長、査察指導員等福祉事務所運営の核となる職員にヒアリングを行います。

②事項別検討

特定の事項を設定して検討します。検討項目は、法第63条・第78条、新規開始時調査、資産活用などで、該当するケースを抽出し、その事項の処理が適切に行われているかに絞って検討します。福祉事務所ごとに、前年度監査で問題ありと判断された事項が設定される場合が多いです。

③一般ケース検討

ここが生活保護担当である皆さんに最も関係のある部分になります。一般ケース検討は、原則として新任者を除く全生活保護担当から

１人ずつケースを抽出し、様々な観点から検討を行います。（イ）で挙げた重点事項のうち、主に「①保護の適正実施の推進」の各項目がこれに該当します。また、自立助長へ向けたケースワークが適切に行われているかも検討します。

検討は、まず抽出されたケースのケース記録、決定調書、申告書類等一連の書類を検査員が確認します。その後、生活保護担当にヒアリングを行い、事実関係等を確認します。その結果、検査員が問題ありと判断した事項について、生活保護担当に口頭で助言事項を伝え、検討票を作成します。その後監査のチーフを担う課長代理（通常の自治体でいう係長級職員）が検討票に目を通し、最終的に正式な助言とするかどうかを判断します。

正式助言となった場合は、監査最終日に「助言票」に記載され、福祉事務所に渡されます。生活保護担当は、自分のケースの助言事項について改善策を講じ、概ね３か月以内に助言票に改善状況を記載します。福祉事務所は各生活保護担当が記載した助言票を取りまとめて、東京都に提出します。これで、一般ケース検討における生活保護担当の作業はひとまず終了です。

（エ）監査結果の通知

東京都は監査終了後、（ウ）で検討した結果を踏まえ、復命会議を開催します。ここで、当該福祉事務所に対する評価を行い、監査結果を確定します。監査結果は、監査後概ね２か月以内に福祉事務所宛文書で通知します。組織的な問題があると判断された事項は、勧告または助言事項として通知文に明記され、改善を求めます。

（２）監査で指摘が多い事項

本項では、東京都で直近に公表されている2018年度の監査結果から、文書での勧告・助言が多かった事項のうち主なものを記します(注28)。

ア　職員の配置状況

☞福祉事務所の査察指導員数、現業員数（生活保護担当＋面接相談員）が、社会福祉法に定める標準数に満たない場合

イ　資産および収入の把握

☞収入・無収入申告書が定期的に徴取されていない場合、資産の保有状況調査・可否判断が不十分な場合等

ウ　訪問調査活動

☞訪問調査活動が不十分な場合、訪問計画が実施要領に定める回数に満たない場合

エ　保護の廃止

☞要否判定を誤って廃止した場合、指示違反廃止で必要な手続きを欠いている場合、死亡廃止で葬祭扶助を行う際に遺留金未確認の場合等

オ　扶養義務履行の指導

☞扶養義務者の把握が不十分な場合、扶養の可能性が未検討の場合、扶養可能性ありと判断したケースの扶養照会未実施の場合

（注28）東京都福祉保健局「平成30年度保護の実施機関等指導検査結果報告書」（2020年）６頁

カ　保護開始時における調査

☞保護開始時に必要であった預貯金、生命保険等の調査が不十分な場合

（3）監査前にやっておくこと

ここまで、指導監査の仕組みと傾向をみてきました。皆さんも、福祉事務所に配属されたら、おそらく初年度から監査を受けることになるでしょう。

まず強調しておきたいのは、監査はあくまで福祉事務所という組織に対して行うもので、個々の職員の出来不出来をあげつらうものではないということです。皆さんが仮に一般ケース検討で指摘を受けた場合、個人の不注意や努力不足の要素も確かにあるかもしれません。しかし、組織である以上、福祉事務所には個々の職員のミスをチェックし正すとともに、職員の能力を引き上げ、誰がその職に就いても同様の業務水準が保たれる体制を築くことが求められています。つまり、職員の問題は組織の問題でもあるのです。組織の問題は、一義的には所長等幹部職員、そして査察指導員が責任を負うものなので、指導監査に対して過度に敏感になったり、指摘を受けて落ち込んだりする必要はありません。当たり前のことを当たり前にやっていれば、指導監査は恐くありません。むしろ、指導監査をとおして自身の仕事の在り方をレベルアップする機会にするくらいのつもりで、前向きに捉えていただきたいと、私は考えています。

とはいえ、詰めが甘かったがゆえに、防げたはずの指摘を監査で受けてしまうのは、勿体ないことです。そこで、監査前にチェックしておいた方がよい事項を最後に紹介します。

☑援助方針は、世帯員ごとに策定されているか。直近１年以内に見直されているか。転居や世帯員の増減等世帯の状況の変化に応じて見直されているか
☑世帯分離ケースについて、直近１年以内に要件が見直されているか
☑資産申告書について、直近１年以内に徴取されているか
☑自立支援医療適用ケースについて、有効な期間の受給者証を徴取しているか
☑精神障害者保健福祉手帳保有ケースについて、有効な期間の手帳を徴取しているか
☑アパート等の賃貸借契約書について、更新後の有効なものを徴取しているか
☑収入・無収入申告書を定期的に徴取しているか
☑訪問記録を書き漏らしてはいないか

Column

失敗談から学ぶ…

生活保護担当時代に担当していたケースのＬさんの話です。Ｌさんは事情があって更生施設に入所していましたが、ある時訪問したところ歩行が急激に困難となっていました。慌てて病院を受診し、MRI検査を複数回行った結果、脊髄腫瘍があり神経を圧迫していることで下半身の動きや排泄のコントロールが阻害されていることが分かりました。当然手術が必要ですが、Ｌさんは恐がって「薬や注射で何とかならないかなあ」と呟きます。診察室で主治医の先生から「手術以外に方法はありません」と説明を受けても、Ｌさんは押し黙ったままです。更生施設から「早急に何とかしてくれ」とプレッシャーを受けていたこともあり、私は次第に焦り、「放っておけばさらに腫瘍が拡大し、大変なことになりますよ」とＬさんの説得を試みますが、Ｌさんをますます恐がらせるだけで、逆効果。Ｌさんは心を閉ざす一方で、貝のように固まってしまいました。

困り果てたところで、先生が「Ｌさん、誰か親しいお友達はいないんですか？」と助け船。人間関係が苦手なＬさんでしたが、Ｍさんという数少ない数十年来の友人があり、私も連絡先を聞いていました。Ｌさんの了解を得てＭさんに電話し、先生からＭさんに病状を説明してもらいました。寝耳に水の話に驚いたＭさんでしたが、その場で用件を理解し、直接Ｌさんに手術を受けるよう言い聞かせてくれました。すると、あれほど頑なだったＬさんが一瞬にして折れ、手術に同意してくれました。

　あの時、私に欠けていたものは何だったのか、今でも考えます。こちらが乗せたい援助方針に腕づくで持っていこうとしても、ケースの心は動きません。援助方針に乗せる前に、「要保護者の立場や心情を理解し、その良き相談相手であること(注29)」が先決であることを、Ｍさんから教わりました。

(注29) 前掲（注23）２頁

第3章

知っておくべき根拠法令と用語の解説

担当：門井　弘明

1　はじめに

第１章、第２章では、生活保護制度の歴史やケースワーカーの業務について解説してきましたが、福祉事務所で働き始めるとどのような職場なのかが少しずつ分かってくると思います。

制度について知識として知っていることは大切ですが、１日１日の仕事の積み重ねが自分の知識、経験、技術となっていくので、焦ることなく職場の人みんなで助け合いながら受給している方を支援していくことが大切です。

職場に行くと生活保護手帳、別冊問答集、生活保護運用事例集、何十冊ものケースファイルに囲まれて圧倒され、「本当に自分にできるのだろうか」と悩むことがあるかもしれません。それでも、少しずつ色々なことが分かってきます。

査察指導員や先輩職員、同僚職員に教えてもらって、助けられて過ごしていくうちに見えてくるものがきっとあると思いますし、生活保護制度に関われることは実はすごいことだと感じてほしいと思っています。

それでは、第３章では知っておくべき根拠法令と用語について説明していきます。

2　知っておくべき根拠法令

（1）生活保護制度の法令体系

生活保護の法令体系は、図８のとおり、ピラミッドのような体系になっています。

図８　生活保護制度の法令体系

出典　「生活と福祉　2020.10」全国社会福祉協議会　13頁

生活保護手帳には、生活保護実施の態度として、以下のように記載されています（生活保護手帳２ページ）。

> 生活保護法、実施要領等の遵守に留意すること。
>
> 実施要領は、生活保護法令を実際に適用するうえの具体的指針であり、生活保護行政は、生活保護法令に定めるところはもとよりのこと実施要領に従って適正に実施されるべきものであること。

生活保護業務を行う際には、これらの法令を理解した上で業務に従事する必要があります。しかしながら、これらの法令を十分に理解するためには、長年の時間を要しますので、不明な点がある場合には、その都度、生活保護手帳で確認することを通じて、法令についての理解を深めるように心がける必要があります。

（2）保護の実施要領

保護の実施要領は､生活保護手帳という本にまとめられていますが､何点か特徴があります。

例えば､「第１　世帯認定」のページを見ると､「次第１」､「局第１」､「課第１」という表記があります。「次」は、厚生事務次官通知、「局」は、厚生省社会局長通知、「課」は、厚生省社会局保護課長通知のことを表現しています。

Point

保護の実施要領を読む際には、「次」⇒「局」⇒「課」の順番で読んでいく必要があります。

具体的に生活保護手帳を見てみましょう。

例えば、国民年金の受給の手続きを行った結果、４月、５月分の国民年金、計130,000円が６月に入金されたとします。

生活保護手帳の「第８　収入認定」を見ると､「３　認定指針」では､「就労に伴う収入」「就労に伴う収入以外の収入」「収入として認定しないものの取扱い」の順番に記載があります。国民年金は、「就労に伴う収入以外の収入」になるので、該当ページを参照すると以下のように書いてあります。

ア　恩給、年金等の収入

次 第８－３

（２）就労に伴う収入以外の収入

ア　恩給、年金等の収入

（ア）恩給、年金、失業保険金その他公の給付については、その実際の受給額を認定すること。

局 第８－１

（４）恩給、年金等の収入

ア　実際の受給額を原則として受給月の前月までの各月に分割して収入認定すること。

「次」では、国民年金130,000円は実際の受給額を認定することが分かり、もし介護保険料が特別徴収されており4,000円控除されている場合は、126,000円を認定するということが分かります。

さらに、「局」では、126,000円を分割して６月に63,000円、７月に63,000円を認定するということが分かります。

生活保護手帳にはこのように特徴がありますが、非常に整理されており、慣れてくると使いやすくなるつくりとなっています。

（３）法定受託事務と処理基準

地方公共団体の事務には法定受託事務と自治事務がありますが、生活保護制度の主な事務は法定受託事務になります。

地方自治法第２条では、法定受託事務について、「国が本来果たすべき役割に係るものであつて、国においてその適正な処理を特に確保する必要があるものとして法律又はこれに基づく政令に特に定めるもの」と規定されています。また、自治事務については、「地方公共団体の事務のうち、法定受託事務以外のものをいう」と規定されています。

そして、法定受託事務は、地方自治法第245条の９に「各大臣は、その所管する法律又はこれに基づく政令に係る都道府県の法定受託事務の処理について、都道府県が当該法定受託事務を処理するに当たりよるべき基準を定めることができる」と規定されています。

この「処理するに当たりよるべき基準」が処理基準であり、保護の実施要領になります。

生活保護制度の主な事務は法定受託事務であり、事務を処理するに当たりよるべき処理基準が厚生労働省から示されている保護の実施要領です。

簡単にいえば、生活保護制度では処理基準である「保護の実施要領」に基づいて業務を行わなければならないのです。

（4）処理基準と技術的助言

処理基準についての説明をしましたが、生活保護の業務を行う際に使用するものに「生活保護手帳（別冊問答集）」という本があります。

別冊問答集の位置付けは、処理基準ではなく技術的助言になります。

技術的助言については、総務省のホームページ(注１)に下記のように記載されています。

「技術的助言とは、地方自治法第245条の４第１項等の規定に基づき、地方公共団体の事務に関し、地方公共団体に対する助言として、

（注１）https://www.soumu.go.jp/menu_news/s-news/01kanbo02_01000005.html

客観的に妥当性のある行為を行い又は措置を実施するように促したり、又はそれを実施するために必要な事項を示したりする通知を発することができるとされているもの。」

❶Point

保護の実施要領と別冊問答集は位置付けが異なります。生活保護制度では処理基準である「保護の実施要領」に基づいて業務を行わなければなりません。

（5）保護の要否判定

生活保護制度において、「保護の要否判定」は非常に重要なものです。

保護の要否判定とは、要保護者が保護を必要とするか否かを判定することをいいます。この要否判定は最低生活費と認定した収入（収入充当額）との対比によって決定します。

実際のケースワーカーの業務では、生活保護の申請があるとすぐに家庭訪問を行い、生育歴や生活状況を聞き取り、申請書類に記入してもらいます。それらを調書にまとめ、要否判定を行い保護決定の決裁をとります。

保護の要否の判定は、別冊問答集に以下のように書かれています。

「保護の要否の判定は、保護の受給要件を満たしているか否かの判断であり、単に生活に困窮していることのみならず、資産、能力の活用その他法に定める義務の履行も要件となるが、程度の決定と比較する場合には、生活困窮度の測定の意味で用いられる場合が多い。」

具体的な事例を２つ紹介します。

Case

具体的な要否判定の例１

【預貯金が少ない場合】

高齢者単身世帯（男性、67歳）（2020年10月１日時点　東京都23区内の場合）

年金収入　なし

申請時所持金　2,000円

家賃　53,000円

医療機関の通院はしていない

最低生活費の算出

生活扶助　80,000円（介護保険料加算を含む）（額は例）

住宅扶助　53,000円

医療費　35,400円（高額療養費の自己負担限度額）

合計　168,400円

要否判定は前述のとおり最低生活費と収入充当額を対比する

申請時所持金2,000円＜最低生活費168,400円

⇒保護は要となる

Case

具体的な要否判定の例２

【預貯金がある程度ある場合】

高齢者単身世帯（男性、67歳）（2020年10月１日時点　東京都23区内の場合）

年金収入　　　　　　なし

申請時所持金　　300,000円

家賃　　　　　　　53,000円

医療機関の通院はしていない

最低生活費の算出

生活扶助　　　　　80,000円（介護保険料加算を含む）（額は例）

住宅扶助　　　　　53,000円

医療費　　　　　　35,400円（高額療養費の自己負担限度額）

合計　　　　　　168,400円

要否判定は前述のとおり最低生活費と収入充当額を対比する

申請時所持金300,000円＞最低生活費168,400円

⇒保護は否となる

上記の２つの事例では、定期的な収入がない事例としました。実際の要否判定は、給与や年金等の収入がある場合も多く、その場合には給与や年金等の「推定残額」を計算して要否判定に用いますが、少し複雑なためここではシンプルな事例にしています。

3　各扶助の解説

（1）保護の種類

生活保護制度の特徴の１つに、生活全体をパッケージで保障していることがあげられます。例えば、国民年金、児童手当、児童扶養手当という制度がありますが、生活全体を保障するという制度ではありません。生活保護制度は、各扶助を支給することで生活全体をパッケージで保障するという非常に重要な制度なのです。

生活保護法第11条では、保護の種類は、次のとおりとすると規定されています。

図９　各扶助の種類

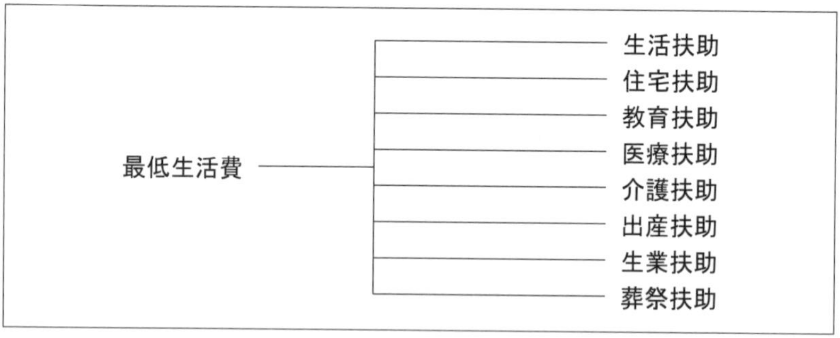

実はこの順番には意味があり、収入充当順位に関係するのですがここでは説明を省略します。くわしく知りたい方は、生活保護手帳の「第10　保護の決定　次第10　保護の要否及び程度の決定」を読んでみてください。

（2）生活扶助

生活扶助は、第１類、第２類、加算の３つの構成で成り立っています。

> 第１類は、食費や被服費などの個人単位に消費する生活費の基準です。また、この基準は年齢別に決まっています。
>
> 第２類は世帯全体で必要となる経費、例えば電気、ガス、水道代といった光熱水費や家具什器費などの基準です。このため、世帯人数別に決められています。

出典　『生活保護のてびき　令和元年度版』第一法規　38頁

例えば、東京都内23区で65歳単身世帯の場合の第１類、第２類の合計額（月額）は、約76,800円です（2020年10月１日時点）。

加算については、別冊問答集（181頁）にこのように書かれています。

> 基準生活費において配慮されていない個別的な特別需要を補填することを目的に設定されたものである。
>
> 障害により最低生活を営むのに障害がない者に比してより多くの費用を必要とする障害者や通常以上の栄養補給を必要とする在宅患者や、自分自身の分のほかに胎児のための栄養補給を必要とする妊婦のように、多額の特別需要を有する者については、基準生活費のほかにその分を補填しないと最低生活が維持できないこととなる。
>
> 加算制度は、このような特別な需要に着目して基準生活費に、上積みをする制度であり、したがって、加算対象者についてより高い生活水準を保障しようとするものではなく、加算によってはじめて加算がない者と同水準の生活が保障されることになるのである。

少し長い文章ですが、加算について大切なことが書かれています。簡単にいえば、特別な需要がある者に対して加算額が決められているということです。加算には、妊産婦加算、障害者加算、介護施設入所者加算、在宅患者加算、児童養育加算、介護保険料加算、母子加算があります。

（3）住宅扶助

生活保護法第14条に規定されており、困窮のため最低限度の生活を維持することのできない者に対して、以下に掲げる事項の範囲内において行われます。

1　住居
2　補修その他住宅の維持のために必要なもの

住宅扶助についての別冊問答集の記述は以下のとおりです(237頁)。

> 住宅扶助は、困窮のために最低限度の生活を維持することのできない者に対して「住まいの確保」及び「補修その他住宅の維持のために必要なもの」の範囲内おいて行われる。
>
> 具体的には、日々の生活の場としての家屋の家賃、間代、地代等のほか、破損等により住居としての機能に障害が生じた場合の小規模な補修費を保障するものである。

具体的な東京都23区の家賃限度額を見てみましょう。

表４　東京都23区の家賃限度額（月額）（2020年10月１日時点）

一人世帯	53,700円以内（$15m^2$超）
二人世帯	64,000円以内
三人世帯	69,800円以内

住宅扶助の特徴の１つに「代理納付」があります。生活保護法第33条第４項の規定により、住宅扶助費として被保護者に支払うものを住居の賃貸借契約に基づく賃貸人（家主）や不動産会社等に支払うことができます。

住宅扶助費は､保護開始時に賃貸借契約書等を提出してもらうため、保護の開始が決定されると支給されます。

また、一般的な賃貸借契約では２年毎に更新料の支払いが必要になりますが、更新料の支払いが分かる書類と保護申請書を提出してもらうことで住宅扶助費を支給することができます。転居の際に必要となる敷金等の支給についても同様に申請が必要になります。

（４）教育扶助

生活保護法第13条に規定されており、困窮のため最低限度の生活を維持することのできない者に対して、以下に掲げる事項の範囲内において行われます。

１　義務教育に伴つて必要な教科書その他の学用品

２　義務教育に伴つて必要な通学用品

３　学校給食その他義務教育に伴つて必要なもの

教育扶助についての別冊問答集の記述は以下のとおりです（225頁）。

> 教育扶助の対象となるのは、義務教育である小学校等及び中学校等に限定される。憲法第26条第２項により就学が義務づけられていることに関連して最低生活の内容として義務教育への就学を保障しようとするものである。

簡単にいえば、小学校や中学校などで必要となる費用を支給するものです。ここで、「高等学校の費用は出ないの？」と思った人がいるかもしれません。もちろん、生活保護制度では高等学校で必要となる費用を支給することができますが、扶助の種類としては生業扶助に位置付けられています。それでは、教育扶助では具体的にどのような費用が支給されるのでしょうか。東京都23区の例を見てみましょう。

表５　東京都23区の教育扶助の例（2020年10月１日時点）

基準額	学用品その他全ての学校、生徒において共通的、平均的に必要となる費用を定めたもの 小学校等：2,600円 中学校等：5,100円
教材代	購入に必要な額。義務教育では教科書代は無償。それ以外の正規の教材として学校長または教育委員会が指定するもの
学校給食費	保護者が負担すべき給食費の額
学習支援費	小学校等または中学校等に通学する児童または生徒が課外のクラブ活動を行うための費用 小学校等：年額16,000円以内 中学校等：年額59,800円以内
入学準備金	小学校等入学時：64,300円以内 中学校等入学時：81,000円以内

ちなみに、一時扶助として支給できるものもあります。

学校に入学する際に必要になるものはたくさんあります。例えば、中学校であれば、制服、体育着、かばん、靴などを買う必要があります。

教育扶助の支給は、小学校であれば入学通知書などを提出してもらい支給することになります。

（5）医療扶助

生活保護法第15条に規定されており、困窮のため最低限度の生活を維持することのできない者に対して、以下に掲げる事項の範囲内において行われます。

1　診察

2　薬剤又は治療材料

3　医学的処置、手術及びその他の治療並びに施術

（4以下略）

医療扶助は申請が必要になります。国民健康保険などは被保険者証が交付されますが、生活保護制度では被保険者証はないため、保護変更申請書（傷病届）を提出し、医療券を発行してもらい医療機関を受診します。

（6）介護扶助

生活保護法第15条の２に規定されており、困窮のため最低限度の生活を維持することのできない要介護者に対して、第１号から第４号ま

でおよび第９号に掲げる事項の範囲内において行われ、困窮のため最低限度の生活を維持することのできない要支援者に対して、第５号から第９号までに掲げる事項の範囲内において行われ、困窮のため最低限度の生活を維持することのできない居宅要支援被保険者等に相当する者（要支援者を除く）に対して、第８号および第９号に掲げる事項の範囲内において行われます。

1　居宅介護（居宅介護支援計画に基づき行うものに限る。）
2　福祉用具
3　住宅改修
4　施設介護
5　介護予防（介護予防支援計画に基づき行うものに限る。）
6　介護予防福祉用具
7　介護予防住宅改修
8　介護予防・日常生活支援
9　移送
（以下略）

「困窮のため最低限度の生活を維持することのできない要介護者等について、現物給付の方式で扶助を行う。40歳以上65歳未満の要介護状態の者については医療扶助同様、全額を生活保護制度から支出するが、65歳以上の要介護者等については、介護保険制度の被保険者となり被保護者の自己負担額分についてのみ扶助する方式を取っている」（結城康博『わかりやすい社会保障制度』（2018年、ぎょうせい）162頁）。

（7）出産扶助

生活保護法第16条に規定されており、困窮のため最低限度の生活を維持することのできない者に対して、以下に掲げる事項の範囲内において行われます。

1　分べんの介助
2　分べん前及び分べん後の処置
3　脱脂綿、ガーゼその他の衛生材料

生活保護制度では他法他施策の活用が求められるため、「入院助産」を利用する場合がほとんどです。入院助産は、出産に当たって、保健上必要であるにもかかわらず、経済的な理由で病院または助産所に入院できない妊産婦の方を対象に、その費用を助成します。

（8）生業扶助

生活保護法第17条に規定されており、困窮のため最低限度の生活を維持することのできない者またはそのおそれのある者に対して、以下に掲げる事項の範囲内において行われます。ただし、その者の収入を増加させ、またはその自立を助長することのできる見込みのある者に限ります。

1　生業に必要な資金、器具又は資料
2　生業に必要な技能の修得
3　就労のために必要なもの

東京都23区における生業扶助基準は以下のとおりです。

表６　東京都23区における生業扶助基準（2020年10月１日時点）

生業費	47,000円以内
技能修得費	81,000円以内
就職支度費	32,000円以内

生業扶助では申請が必要となり、必要に応じて必要額が分かる資料などの書類の提出も必要になります。

教育扶助の項で触れましたが、高等学校で必要となる費用は生業扶助として支給されます。過去、高等学校の費用は生活保護制度では支給することができませんでしたが、2005年度から支給することができるようになりました。その経過や理由について別冊問答集（271頁）に記載がありますので抜粋します。

高等学校等就学費

現在、一般世帯における高校進学率は97.3%（平成15年度）に達している状況であり、また、平成16年３月の福岡市学資保険訴訟最高裁判決においては「近時においては、ほとんどの者が高等学校に進学する状況であり、高等学校に進学することが自立のために有用であるとも考えられる（後略）」との判断がなされた。

さらに、社会保障審議会福祉部生活保護制度の在り方に関する専門委員会報告書（平成16年12月）においても、「高校進学率の一般的な高まり、「貧困の再生産」の防止の観点から見れば、子どもを自立・就労させていくためには高校就学が有効な手段となっているものと考えられる。」としたうえで、「生活保護を受給する有子世帯の自立を支援する観点から、高等学校への就学費用について、生活保護制度において対応することを検討すべきである。」とされた。

こうしたことを総合的に勘案した上で、被保護世帯の自立支援という観点から、高校就学費用を生活保護制度において制度化したところであり、具体的には、高校就学に伴い必要となる学用品、交通費、授業料等を給付内容とし、その給付水準は高等学校等就学支援金の支給に関する法律に定める額を目安に設定することとしている。

なお、義務教育である小学校等及び中学校等の就学費用が教育扶助によって給付されるのとは異なり、高校就学費用は自立支援の観点から給付されるものであるため、生業扶助によって行うこととしている。

東京都23区の高等学校等就学費の基準額は以下のとおりです。

表7　東京都23区の高等学校等就学費の基準額（2020年10月1日時点）

基本額（月額）	5,300円
学級費等（月額）	2,330円以内
授業料	都立高校の授業料の額以内
入学料	都立高校の入学料の額以内
受験料	1校につき30,000円以内
通学費	必要最小限度の額
学習支援費（年間上限額）	84,600円以内

（9）葬祭扶助

生活保護法第18条に規定されており、困窮のため最低限度の生活を維持することのできない者に対して、以下に掲げる事項の範囲内において行われます。

１　検案 ２　死体の運搬 ３　火葬又は埋葬 ４　納骨その他葬祭のために必要なもの

例えば、高齢者世帯の夫婦の一方が亡くなった場合、葬祭費用を支払うことが難しい場合には、葬祭扶助の保護申請をしてもらい葬祭費用を支給することになります。東京都23区の葬祭扶助の基準額は、209,000円以内となっています（2020年10月１日時点）。

4　保護の実施要領

本節では、保護の実施要領において、特に質問が多い項目について解説します。

（1）実施責任

ア　実施責任とは何か

実施責任についての質問は多く、その理由は判断の難しさと影響の大きさから慎重な判断が求められるからだと考えます。実施責任の判断は難しく、十分な調査と慎重な判断が求められますので具体的には後の事例で詳しく説明します。

別冊問答集には、「保護の実施機関の要保護者に対する保護の決定実施の責任を実施責任という」と記載がありますが、簡単にいうと実施責任とは「どこの福祉事務所が生活保護の担当になるか」ということです。

さらに別冊問答集では、「実施責任を明確にしておくことは、国民が要保護状態に陥った場合にすみやかに保護を受けられることを保障するため、また、実施責任は保護に要する費用の負担と密接な関連があるので、この負担関係を明確にしておくことが実施機関の円滑な事務の遂行のために必要である」と記載されています。

例えば、生活保護を受けたいと考えた相談者がＡ区とＣ区に相談したが、どちらも実施責任はうちにはないと言われてしまい、相談者がどこに相談すればいいのか分からず困ってしまうことがあります。そうなると相談や申請ができずに時間がどんどん過ぎていってしまうということになります。

実施責任については、相談を受け付ける段階で問題になるので、相談の受付係が別にある福祉事務所の場合は、ケースワーカーが実施責任について考える機会はあまりないかもしれません。しかし、福祉事務所によっては相談の受付を輪番で担当しているところもあるので知っておく必要があります。

イ　実施責任の判断基準

実施責任の判断の基準について、生活保護法第19条は以下のように規定しています。

第19条　（略）次に掲げる者に対して、この法律の定めるところにより、保護を決定し、かつ、実施しなければならない。

1　その管理に属する福祉事務所の所管区域内に居住地を有する要保護者

2　居住地がないか、又は明らかでない要保護者であつて、その管理に属する福祉事務所の所管区域内に現在地を有するもの

（以下略）

❶Point

簡単にいえば、A区に居住地がある要保護者はA区が実施責任を負うことになり、また、居住地がない要保護者は現在地で実施責任が決まるということです。

「居住地」と「現在地」という言葉ですが実施責任を判断する際に重要になります。それぞれの定義については別冊問答集に記載があり

ます（74頁、75頁）。

居住地とは、生活保護が最低生活の保障を目的としていること及び保護の実施上世帯単位の原則によっていることから、その者の属する世帯の生計の本拠となっている場所をいい、空間的には、居住事実の継続性・期待性がある住居のある場所をいう。

現在地とは、居住地がないか明らかでない要保護者が保護を受けることになった時点における当該保護者が所在していた場所をいい例外的に急病により保護を受けていなかった者が入院し保護申請が行われたときは発病地とされる。

Point

実施責任を考える際には、まず世帯認定を行う必要があります。

生活保護法第10条では、「保護は、世帯を単位としてその要否及び程度を定めるものとする」とされており、いわゆる世帯単位の原則が定められています。

そして、保護の実施要領をみてみると、「第１　世帯認定」、「第２　実施責任」という順番になっています。

そのため、実施責任を考える際には、最初に実施責任のページをみてみようと思ってしまいがちですが、保護の実施上世帯単位の原則にもとづき、まず世帯の認定をすることが重要です。

次の事例で具体的に実施責任を考えてみます。

Case

高齢者の単身男性がＣ区の病院に入院しています。男性は預貯金を取り崩しながら入院費を払ってきたのですが、預貯金もほとんどなくなり生活保護を申請したいと思いたちました。また、男性はＡ区の都営住宅に住んでいました。

先ほど居住地についての説明をしました。男性はＡ区の都営住宅に住んでいるので、Ａ区が居住地といえます。それでは、Ａ区が実施責任を負うことになるのでしょうか。

しかしながら、本事例の情報だけでは、現在も住める状態なのか、もしくは長期間住んでいないため契約が解除されているのかなど、詳細な状況が不明です。

もし都営住宅の賃貸契約が解除されてからすでに３か月超経過している場合には、居住地はないため病院所在地のＣ区が現在地となり実施責任を負う可能性もあります。

このように実施責任を判断する際には十分な調査が必要になります。

（２）程度の決定

収入認定についての照会は非常に多いのですが、収入認定を理解するためには「程度の決定」を理解した上で収入認定について読んでいただいたほうがよいので、まず「程度の決定」を理解しましょう。

程度の決定については、別冊問答集に記載があります（363頁）。

保護の実施に当たっては、まず、保護を要するか否かを判定し、保護を要するとされた場合には保護の方法、種類、程度等が決定されることになる。通常この保護を要するか否かの判定を保護の要否の判定と、月々どの程度の保護を要するのかの決定を保護の程度の決定と呼んでいる。

程度の決定は、ともに最低生活費と収入充当額との対比によって決定される。すなわち、収入充当額が最低生活費に満たない場合に保護要と判定され、その不足分が扶助されるわけである。

程度の決定とは、要否判定の結果、保護を要すると判断された後に、月々どの程度の保護を要するかを具体的に決定することであり、支給すべき保護費の程度を決定することです。

程度の決定をする上で知っておくべきことは下記のことです。

第４条　保護は、生活に困窮する者が、その利用し得る資産、能力その他あらゆるものを、その最低限度の生活の維持のために活用することを要件として行われる。

（以下略）

第８条　保護は、厚生労働大臣の定める基準により測定した要保護者の需要を基とし、そのうち、その者の金銭又は物品で満たすことのできない不足分を補う程度において行うものとする。

（以下略）

保護の実施要領　第10　保護の決定

次第10

保護の要否及び程度は、原則として最低生活費と認定した収入（収入充当額）との対比によって決定する。

東京都の生活保護運用事例集には以下のように書かれています。

「程度の決定にあたっては、収入のうち、年金や手当など複数月分がまとめて支給される場合には、次回受給月までの月数で分割して認定するなど、家計の消費の実態に合わせた認定方法を用いることで、月々の最低生活の生計維持を考慮した程度の決定が可能となっている。」

具体的な事例で考えてみましょう。

Case

・高齢者単身男性（67歳）

・４月１日から保護受給

・年金収入：70,000円

・家賃：53,000円

☞この場合５月の扶助費はいくらになるか

①最低生活費を算出

生活扶助	77,000円（金額は例）
住宅扶助	53,000円
合計	130,000円

②最低生活費から年金収入を差し引いて支給額を算出

最低生活費	130,000円
年金収入	70,000円
支給額	**60,000円**

Point

程度の決定で重要なことは、最低生活費に対して不足分を保護費として支給するということです。

程度の決定や収入認定を考える際に誤解しやすい点は、収入があるとその分が最低生活費から引かれてしまうと考えてしまいがちな点です。

例えば、支給する保護費の額を説明する場合にこのような説明は正しいでしょうか。

「あなたの最低生活費を計算すると、生活費が77,000円、住宅費が53,000円、合計130,000円です。しかし、年金収入が70,000円あるためその分を引いた60,000円が支給される保護費です。」

この説明を聞いた被保護者は、130,000円もらえるはずなのに70,000円も引かれてしまうのかと思うかもしれません。

ケースワーカーとして知っておくべき大切なことは、先ほど説明した生活保護法第４条補足性の原理と第８条基準及び程度の原則です。このことを理解した上で説明すると以下のようになります。

「あなたの最低生活費を計算すると、生活費が77,000円、住宅費が53,000円、合計130,000円です。年金収入が70,000円ありますので、最低生活費130,000円に足りない60,000円が支給される保護費です。」

さらに図などを描いて説明すると、より伝わりやすくなります。

程度の決定について理解できたところで、次に収入認定について考えてみたいと思います。

（３）収入認定

収入認定もまた、照会が非常に多い項目です。そもそも収入といっても様々な種類がある上に、時代の変化によって新たに出現する収入にも対応することが求められるためです。また、それらの収入の中には、保護の実施要領に規定されていないものもあるため、取扱いに困るケースも多くなっています。

例えば、ポイントカードが普及するに従い、現金と同様にポイントが利用できるようになりました。また、現金だけでなく電子マネーも普及するにしたがって様々な電子マネーが流通するようになりました。さらには紙の商品券が現在ではギフトカードと呼ばれるようなものも普及しています。

福祉事務所の現場では時代の変化に対応し、こういった収入をどう取り扱うべきか苦慮しています。

収入認定の取扱いは保護の実施要領に規定されていますが、すべての収入の種類が網羅されているわけではないため、必要に応じて都道府県に照会をする場合もあるかと思われます。

Point

収入認定について知っておくべきことの１つは収入認定の意義についてです。

ケースワーカーの業務の中で毎月行うことの１つに収入申告に基づく保護変更があります（第２章で詳しく解説しています）。被保護者に毎月保護費を支給する上で、正確に保護費を計算することは非常に重要な業務です。このため収入認定については慎重かつ正確に行う必要があります。

収入認定の意義については、別冊問答集に記載があります（289頁）。

収入の認定は、法が保障する生活水準に対して、資産その他その世帯において自力で賄い得る経済的能力がどの程度あるかを測定すること、いわゆるミーンズテスト（資産調査）を指すものである。

この調査によって認定された収入と最低生活費との対比により保護の要否、程度が計算されることになるわけである。このように収入の認定は最低生活費の認定とならんで保護の決定の基礎となるものであり、これらが適正に行われてはじめて最低生活保障水準の同一性が確保されるわけである。このうち最低生活費は、保護基準に基づいて世帯構成等比較的客観的に把握されやすい事実関係から、ある程度機械的に認定し得るが、収入の認定はその基礎となる事実関係が稼働状況や仕送りの状況等を前提とするため把握し難い要素があることから、申告を基に調査の過程で正しく把握するには、不断の努力と熟練を要する事務である。

Point

原則として収入申告制度であることです。

主な収入としては、就労収入、年金収入、手当収入、仕送り収入などがあります。

仮に80ケースを担当しているとすると数十世帯は何らかの収入があります。

就労収入がある被保護者には、毎月収入申告をしてもらい保護変更を行いますが、もちろん収入が毎月定額な人もいます。

年金収入がある人には、毎年6月にその年に支給される年金額が通知されるため、該当する世帯から収入申告をしてもらいます。また、公的年金の他にも企業年金等を受給している人もいますので、年金額が通知される月に収入申告をしてもらいます。

手当については、児童手当、児童扶養手当などがあります。手当によって支払われ方が異なりますので、どのような支給方法かを知っておくことが大切です。

（4）生活保護法第63条

生活保護法第63条には以下のように規定されています。

> 被保護者が、急迫の場合等において資力があるにもかかわらず、保護を受けたときは、保護に要する費用を支弁した都道府県又は市町村に対して、すみやかに、その受けた保護金品に相当する金額の範囲内において保護の実施機関の定める額を返還しなければならない。

Point

①返還してもらうのは資力ではなく保護費です。

②資力の発生日がいつなのかが重要です。

ア 「返還しなければならない」のは保護費

上記のとおり、生活保護法第63条に基づいて返還しなければならないのは、資力ではなく保護費となります。この点を勘違いしていると、被保護者に間違った説明をしてしまいトラブルになることがあります。例えば、年金が遡及して支給されることがありますが、その際に何百万円もの年金が支給される場合もあります。このような場合について具体例で考えてみましょう。

Case

2020年４月１日に保護が開始された単身男性に、2020年８月に過去３年分の年金が遡及されて250万円支給されました。年金の月額は70,000円です。男性に保護費の返還についての説明をしなければいけません。

このような場合に、次のような説明は正しいでしょうか。

「あなたには250万円の年金が支給されたので、生活保護法第63条に該当するため支給された年金は返還していただきます。」

被保護者の男性は思います。

「えっ、年金が250万円入金されたのに全部返さなければいけないの。」

その場では質問することができず、後日、都道府県の生活保護担当課に電話をかけて質問をする、なんてことがたまにあります。

ではこの説明のどこがよくなかったのでしょうか。

まず１つ目は返還してもらうのは年金ではなく保護費であるということです。

この男性は2020年４月から保護を受給しているため、４月以降に支給された保護費を返還してもらうことになります。

６月分、７月分、８月分の保護費については保護変更で収入認定したとすると返還の対象は４月分、５月分、６月分の保護費になります。

例えば、医療機関への受診がないと仮定すると、１か月の保護費は

生活扶助（77,000円）＋住宅扶助（50,000円）＝127,000円

となり、３か月の保護費の合計額は、

127,000円×３＝381,000円

となります。

したがって、男性が返還する対象となる保護費は381,000円になります。また、必要経費や自立更生のため免除できる額がある場合もあるので、さらに返還額は少なくなることもあります。

イ　資力の発生日

もう１つのポイントが資力の発生日がいつになるかということです。資力の発生日を確認することは、返還の対象となる保護費の範囲

を決める際に重要になります。

この点について、自動車保険の保険金の中の慰謝料を例に考えてみましょう。

自動車と接触して腕にケガを負ってしまったため、加害者側から補償金が支払われる場合があります。補償金には自動車損害賠償保障法による保険金と任意保険による保険金がありますが、それぞれ取扱いが異なります。それぞれの場合の資力の発生時点はいつになるでしょうか。

自動車損害賠償保障法による保険金の取り扱いについては、別冊問答集に記載があります（422頁）。

> 自動車事故等第三者の加害行為により被害にあった場合、加害行為の発生時点から被害者は損害賠償請求権を有することとなるので、原則として、加害行為の発生時点で資力の発生があったものと取り扱うこととなる。
>
> しかしながら、ここにいう損害賠償請求権は単なる可能性のようなものでは足りず、それが客観的に確実性を有するに至ったと判断される時点とすることが適当である。
>
> 自動車事故の場合は、被害者に対して自動車損害賠償保障法により保険金（強制保険）が支払われることが確実なため、事故発生の時点を資力の発生時点としてとらえることになる。

つまり自動車損害賠償保障法による保険金の資力の発生時点は事故発生日となります。

では任意保険（自動車保険）の慰謝料の資力の発生時点はいつと考えればよいのでしょうか。

前述の別冊問答集の下線部に注目してみると、「客観的に確実性を有するに至ったと判断される時点」とあります。

任意保険は加入していない人もおり、また、加入していたとしても過失割合をめぐって示談がまとまるまでに時間がかかる場合もあります。このため下線部の考え方を踏まえると「確実に支払われると判断された時点」と考えることが適当ではないかと考えられ、東京都の生活保護運用事例集にも「確実に支払われると判断された時点」と記載されています。

このように生活保護法第63条の資力の発生時点がいつになるかは具体的な事例により異なるため慎重な判断が求められることを知っておくことが必要です。

（5）一時扶助

一時扶助の支給に関する照会も多いです。

一時扶助は必要に応じて支給する扶助ですが、種類も多く、支給できるかどうかは生活に与える影響も大きいため統一的な判断基準が必要になります。

ここでは、一時扶助について別冊問答集に記載がありますので一部を抜粋します（195頁）。

> 被服や家具什器の更新その他通常予測される生活需要については、経常的最低生活費（基準生活費、加算等）の範囲内で賄われるべきものであり、逆にまたこのような生活需要がカバーし得る保護の基準でなければならないわけである。
>
> （略）
>
> しかしながら被保護者の家計規模は一般国民のそれより小さく、やり

くりの範囲にも自ら限度があり、予想外の事由により臨時多額の需要が生じた場合には特別の対応が必要となる。例えば、火災により家財道具を焼失した場合とか単身の長期入院患者が退院して新たに居を構える場合等予想外の事故や生活の場の転換に際し最低生活の基盤の物質の確保に多額の費用を必要とする場合には経常的最低生活費の範囲内のやりくりは困難となる場合が考えられる。

一時扶助は、かかる特定条件下における臨時特別の需要に対応するものである。

（６）生活保護における外国人の取り扱い

ケースワーカーになると、担当している世帯の中に外国人の世帯が含まれる場合がありますが、このような世帯はどのような取り扱いになるのでしょうか。

2004年６月８日、社会保障審議会―福祉部会、生活保護制度の在り方に関する専門委員会の資料が参考になります（一部筆者が改変）。

生活保護制度は、生存権を保障する憲法第25条を根源とするものであるが、憲法第25条は「すべて国民は、健康で文化的な最低限度の生活を営む権利を有する」と規定していることから、生活保護法も日本国民のみを対象としている。

一定の外国人への準用

適法に日本に滞在し、活動に制限を受けない永住、定住等の在留資格を有する外国人については、国際道義上、人道上の観点から、予算措置として、生活保護法を準用している。

具体的には、

1　出入国管理及び難民認定法別表第２の在留資格を有する者（永住者、定住者、永住者の配偶者等、日本人の配偶者等）

2　日本国との平和条約に基づき日本の国籍を離脱した者等の出入国管理に関する特例法の特別永住者（在日韓国人、在日朝鮮人、在日台湾人）

3　入管法上の認定難民

また、外国人に対する生活保護の準用を上記１から３に限定する理由は

・生活保護制度においては、生活に困窮する者が、まずはその利用しうる資産、稼働能力その他あらゆるものを活用することが、生活保護を受けるための要件とされている。

・このため、外国人に対して生活保護法を準用するためには、日本人と同様にこの要件を満たすこと、特に、日本人に生活保護を適用する場合とのバランスを考えて、自由に働くことができることが必要である。

・これを満たす外国人とは、「適法に日本に滞在」し、「活動に制限を受けない」者である。

・すなわち、「適法に日本に滞在」する外国人とは、在留資格を取得している者等であり、さらにその中で「「活動に制限を受けない」外国人とは、身分又は地位に基づいて与えられる入管法別表第２の在留資格を有する者等であるためである。」

「したがって、単に在留資格を取得して「適法に日本に滞在」しているといっても、その在留資格が技術、技能、研究、短期滞在（観光）、就学等の入管法別表１の在留資格の外国人であれば、就労が制限され、又は就労ができないこととされていることから、生活保護を準用していないところである。

このように、生活保護制度においては、日本人と外国人に対しての取り扱いが異なることは知っておくとよいです。

5　職場で飛び交う基本用語

福祉事務所で働き始めると、様々な聞きなれない言葉が飛び交っています。ここでは、その一部を紹介したいと思います。

まず、はじめに、以下の会話を読んでみてください。福祉事務所の中でよくある１日の会話です。

朝、**ケースワーカー**のＡさんが生活福祉課に出勤すると上司のＣ係長（**査察**）から話しかけられました。

「Ａさん、昨日、区内の２丁目の〇×通りで倒れた男性が救急車でＺ病院に救急搬送されたそうです。病院の医療相談室のＹさんから先ほど電話があって、男性は区内の**簡易宿所**で生活していたらしくて所持金もほとんどないので生活保護を申請したいということです。

病院の医療相談室に電話をして、今日にでも病院に行って話をしてきてください。

男性はICUに入院していて意識不明のようだから、**職権保護**の可能性もあるので必要書類を持って行ってください。

それと、意識が戻らないと収入申告と資産申告をしてもらえないので、なるべく早く**29条調査**もしましょう。万が一、調査で預貯金が判明してしまうと**ロクサン**で返還してもらうことになってしまうのでまた相談しましょう。」

（1）ケースワーカー

福祉事務所で要保護者の相談援助業務を直接担当している職員。社会福祉法第15条で「現業を行う所員を置かなくてはならない」と定められており、この現業を行う所員をケースワーカーと呼んでいます。また、同法では現業員と呼び、地区担当員とも呼ばれます。

（2）査察

査察指導員の略。社会福祉法第15条で「指導監督を行う所員を置かなくてはならない」と定められており、この指導監督を行う所員を一般的に査察指導員と呼んでいます。また、SV（スーパーバイザーの略）とも呼びます。実際の福祉事務所では係長級の職員が担当していることが多いです。

（3）簡易宿所

旅館業法第２条第３項で規定されている簡易宿所営業のことで、「宿泊する場所を多数人で共用する構造及び設備を主とする施設を設け、宿泊料を受けて、人を宿泊させる営業で、下宿営業以外のものをいう」と規定されています。

宿泊所と混同されることも多いですが、簡易宿所と宿泊所は異なるものです。

（4）職権保護

生活保護法第７条（申請保護の原則）では以下のように規定されています。

> 保護は、要保護者、その扶養義務者又はその他の同居の親族の申請に基いて開始するものとする。但し、要保護者が急迫した状況にあるときは、保護の申請がなくても、必要な保護を行うことができる。

ただし書に記載があるとおり、「要保護者が急迫した状況にあるとき」は福祉事務所の判断で申請がなくても職権により保護を適用する場合があり、これを職権保護と呼んでいます。

（５）29条調査

生活保護法第29条（資料の提供等）では、以下のように規定されています。

> 保護の実施機関及び福祉事務所長は、保護の決定若しくは実施又は第77条若しくは第78条の規定の施行のために必要があると認めるときは、次の各号に掲げる者の当該各号に定める事項につき、官公署、日本年金機構若しくは国民年金法第３条第２項に規定する共済組合等に対し、必要な書類の閲覧若しくは資料の提供を求め、又は銀行、信託会社、次の各号に掲げる者の雇主その他の関係人に、報告を求めることができる。

この規定に基づき調査を行うことがありますが、このことを略して「29条調査」と呼んでいます。

（6）63（ロクサン）

第３章の４で説明した「生活保護法第63条」のことを略して63（ロクサン）と呼んでいます。

上記の他にも様々な用語がありますので以下に紹介します。

（7）要保護者、被保護者

生活保護法には、「要保護者」、「被保護者」という用語が記載されています。

> 第６条　この法律において、「被保護者」とは、現に保護を受けている者をいう。
>
> ２　この法律において「要保護者」とは、現に保護を受けているといないとにかかわらず、保護を必要とする状態にある者をいう。
>
> （以下略）

生活保護法ではこの２つの用語が使用されており、区別されて使用されています。

簡単にいうと「被保護者」とは、生活保護を受給している人のことです。

一方、「要保護者」は少しわかりづらいですが、２種類の人を含んでいます。１つは上記の「被保護者」、もう１つは、今は生活保護を受給していないが、申請すれば生活保護を受給することになる人です。

例えば、生活保護を受給しようか迷っていて福祉事務所に相談に行った人がいます。相談時には生活保護を受給していないため「被保護者」ということはできません。しかし、相談者が申請すれば生活保護を受給できるほど困窮している場合、この相談者は「要保護者」といえます。

（８）世帯分離

別冊問答集では世帯分離について以下のように記載があります(42頁)。

> 保護の実施は世帯を単位として行うのが原則であるが、生活保護法第10条ただし書きにおいて、これによりがたいときは、個人を単位として保護の要否及び程度を定めることができるとしている。個人を単位として保護を実施することは、その個人を世帯から分離して取り扱うことにほかならないのでこの措置を世帯分離と称している。

例えば、高等学校を卒業した後に、昼間の大学に進学を希望している子がいる場合、生活保護制度では、その世帯にいながら昼間の大学に通うことは認められていません。このため、どのような生活の形にするのかについてはいくつかの方法が考えられます。

１つ目は、実家を出て自分でアパート等を借りて生活しながら大学に通う方法です。しかしながら、大学の授業料等を支払いながら、生活費や家賃を稼いで大学に通い続けることは非常に大変です。

２つ目は、世帯分離を利用する方法です。福祉事務所が相談を受け、世帯分離の条件に該当するということで、この子を世帯分離することで、生活保護を受けることはできないものの、この子は実家で生活しながら、家賃の負担がなく、学費と生活費はアルバイト等で稼ぎながら大学に通うことができます。

（9）医療券

生活保護制度では医療機関を受診する際に健康保険証は発行されないため、医療券というものを福祉事務所に発行してもらい医療機関を受診します。また、薬の処方を受ける場合には調剤券が必要になります。

（10）指示書

生活保護法第27条（指導及び指示）、第62条（指示等に従う義務）では以下のように規定されています。

第27条　保護の実施機関は、被保護者に対して、生活の維持、向上その他保護の目的達成に必要な指導又は指示をすることができる。
（以下略）
第62条　被保護者は、（略）第27条の規定により、被保護者に対し、必要な指導又は指示をしたときは、これに従わなければならない。
（以下略）

福祉事務所内で使用される「指示書」という言葉はいくつかの意味で使われています。被保護者に対する指示でも、生活保護法第27条に基づく文書による指導指示は、被保護者が従わない場合、その違反を理由として不利益処分につながるため慎重な取り扱いが必要です。

保護の実施要領では、「第11　保護の決定上の指導指示及び検診命令」に記載があります。

２　保護受給中における指導指示

局第11—２—（４）

「法第27条による指導指示は、口頭により直接当該被保護者に対して行うことを原則とするが、これによって目的を達せられなかったとき、または目的を達せられないと認められるとき、及びその他の事由で口頭によりがたいときは、文書による指導指示を行うこととする。当該被保護者が文書による指導指示に従わなかったときは、必要に応じて法第62条により所定の手続きを経たうえ当該世帯又は当該被保護者に対する保護の変更、停止又は廃止をおこなうこと。」

❶Point

生活保護法第27条に基づく文書による指導指示は、保護の変更、停止又は廃止につながる可能性があり、不利益処分が行われると審査請求を提起されることもあります。審査請求の中では手続きに瑕疵があるなどの場合は処分が取り消されることもありますので慎重な取り扱いが必要になります。

（11）移送費

生活を送る上で、公共交通機関やタクシー等を利用する場合がありますが、生活保護制度ではこのような費用を支給することができる場合があり、この費用を「移送費」と呼んでいます。

（12）家具什器費

生活保護制度では、生活を送る上で必要な炊事用具、食器、冷蔵庫、電子レンジ等を支給できる場合がありますが、この費用のことを「家具什器費」と呼んでいます。

一般的には、このような物品を家具什器とは呼んでいないため、生活保護制度ならではの用語といえます。

（13）ケース移管

例えば、Ａ区に住んでいた被保護者が、Ｃ区の都営住宅に当選したためＣ区に転居することになりました。

これまでＡ区の福祉事務所が担当していましたが、Ｃ区に転居するとＣ区の福祉事務所が担当になりますので、ケースをＣ区に移管することになり、このことを「ケース移管」と呼んでいます。

このようにＣ区に転居した場合は、Ｃ区の福祉事務所に新たに保護の申請をするのではないかと考える人もいるかと思います。

しかしながら、新たに保護を申請することになると被保護者に不利益が生じることになります。例えば単身高齢者の被保護者が一定額の預貯金を保護受給中に貯めている状態で、Ｃ区の都営住宅に転居し、新たに生活保護の申請をすると35万円は手持ち金と取り扱われすぐには生活保護を受給できないことになってしまうのです。

このような被保護者に不利益な取り扱いにならないようにケース移管を行います。保護受給中に「保護費のやり繰りによって生じた預貯金」はある程度認められています。

ケース移管時の保護費累積金の取り扱いは、別冊問答集問10—15に記載があり、被保護者の不利益にならない取り扱いになっています。

（14）宿提（シュクテイ）

生活保護法第38条に規定されている保護施設のうち宿所提供施設を略して「宿提（シュクテイ）」と呼んでいます。

同条第６項では、以下のように規定されています。

> 宿所提供施設は、住居のない要保護者の世帯に対して、住宅扶助を行うことを目的とする施設とする。

（15）救護

生活保護法第38条に規定されている保護施設のうち救護施設を略して「救護」と呼んでいます。

同条第２項では、以下のように規定されています。

> 救護施設は、身体上又は精神上著しい障害があるために日常生活を営むことが困難な要保護者を入所させて、生活扶助を行うことを目的とする施設とする。

（16）更生

生活保護法第38条に規定されている保護施設のうち更生施設を略して「更生」と呼んでいます。

同条第３項では、以下のように規定されています。

　更生施設は、身体上又は精神上の理由により養護及び生活指導を必要とする要保護者を入所させて、生活扶助を行うことを目的とする施設とする。

（17）宿泊所

　社会福祉法第２条第３項に規定されている第２種社会福祉事業の１つで、第８号に規定されている「生計困難者のために、無料又は低額な料金で、簡易住宅を貸し付け、又は宿泊所その他の施設を利用させる事業」であり、無料低額宿泊所や宿泊所と呼ばれています。

（18）特養

　特別養護老人ホームを略して、「特養」と呼んでいます。特別養護老人ホームは、老人福祉法第20条の５に規定されている第一種社会福祉事業の施設です。目的及び対象者は、「身体上又は精神上著しい障害があり、常時介護を必要とするが、家庭ではこれを受けることが困難な者を入所させ、養護する」となっています。

（19）老健

　介護老人保健施設を略して、「老健」と呼んでいます。介護老人保健施設は、介護保険法第８条第28項に規定されている公益事業の施設です。目的及び対象者は、「要介護者に対し看護、医学的管理の下における介護及び機能訓練その他必要な医療並びに日常生活上の世話を行う施設」となっています。

（20）有料

有料老人ホームを略して、有料と呼んでいます。有料老人ホームは、老人福祉法第29条に規定されている公益事業です。目的及び対象者は、「老人を入居させ、入浴、排せつ若しくは食事の介護、食事の提供又は洗濯・掃除等の家事、健康管理のいずれかのサービスを供与する」となっています。

（21）78（ナナハチ）

生活保護法第78条第１項では、以下のように規定されています。

> 不実の申請その他不正な手段により保護を受け、又は他人をして受けさせた者があるときは、保護費を支弁した都道府県又は市町村の長は、その費用の額の全部又は一部を、その者から徴収するほか、その徴収する額に100分の40を乗じて得た額以下の金額を徴収することができる。

一般的にいう生活保護の不正受給のことで、同条を略して「78」（ナナハチ）と呼んでいます。

（22）○都（マルト）

生活保護法第73条に基づき保護費を東京都が負担するケースのことを東京都内では○都（マルト）と呼んでいます（他の道府県では異なる呼び名だと思います）。

6 不服申し立ての解説

（1）不服申立制度

ケースワーカーとして知っておくべき事項の１つに不服申立制度、審査請求があります。

ケースワーカーは日々の業務の中で多くの保護の決定に関わります。保護の開始決定、変更決定、一時扶助の支給、停止決定、廃止決定など多くの保護の決定があります。

生活保護制度は保護の決定に不服がある場合には、都道府県知事に不服申し立てをすることができます。具体的には審査請求を都道府県知事に提起するのですが、審査請求が提起されると福祉事務所ではまず弁明書などの書類を都道府県知事に提出することになります。審査請求の東京都内の年間件数は、平均すると１福祉事務所あたり数件程度です。

普段の業務では行っていない弁明書の作成などを行うことになるため、対応方法が分からず困る場合もあるかと思います。弁明書の作成は福祉事務所によって異なりますが、査察指導員かケースワーカーが作成していることが多いです。弁明書の書き方の手引については、市販書籍が数冊あるものの、現場で生じる事例は様々なのでそれに合った事例がそれらの書籍に掲載されているとは限りません。

ここでお伝えしたいことは、生活保護制度では審査請求という制度があるということと、審査請求が提起されるようなことがないように普段から適切な保護の決定を行うことが重要であるということです。

それでは次に不服申し立ての流れを見ておきましょう。

（2）不服申し立ての仕組み

根拠となる法律は、「行政不服審査法」と「生活保護法」です。

ア　行政不服審査法第１条（目的等）

（略）行政庁の違法又は不当な処分その他公権力の行使に当たる行為に関し、国民が簡易迅速かつ公正な手続の下で広く行政庁に対する不服申立てをすることができるための制度を定めることにより、国民の権利利益の救済を図るとともに、行政の適正な運営を確保することを目的とする。

Point

不服申立制度には、①国民の権利利益の救済を図ること、②行政の適正な運営を確保することの２つの目的があります。

繰り返しになりますが、生活保護制度では保護の決定を適正に行うことが重要です。

イ　生活保護法第64条（審査庁）

（略）保護の決定及び実施に関する事務（略）に関する処分についての審査請求は、都道府県知事に対してするものとする。

先述のとおり保護の決定に不服があり、不服申し立てをする場合には都道府県知事に審査請求を提起することが規定されています。

ウ　生活保護法第69条（審査請求と訴訟との関係）

（略）保護の実施機関（略）がした処分の取消しの訴えは、当該処分についての審査請求に対する裁決を経た後でなければ、提起することができない。

生活保護法では審査請求の裁決を経た後でないと行政事件訴訟を提起できないことになっており、このことを審査請求前置制度といいます。

ちなみに「裁決」とは裁判でいうところの判決に当たります。

なお、審査請求の裁決を経た後でないと行政事件訴訟を提起できないことになっていますが、行政事件訴訟以外の取扱いは異なります。

（3）審査請求のおおまかな流れ

審査請求の流れは、以下のようになります。

ア　審査請求書の提出（請求人）
イ　弁明書の提出（福祉事務所）
ウ　反論書の提出（請求人）
エ　口頭意見陳述の実施（必要に応じて）
オ　行政不服審査会の開催（必要に応じて）
カ　裁決

（４）各手続き等の解説

ア　保護の決定通知

例えば、生活保護の申請をし、保護が受給できることが決定されると「保護決定通知書」が申請者に交付されます。

この通知書には「この決定に不服があるときは、この決定があったことを知った日の翌日から起算して３月以内に〇〇〇知事に対して審査請求することができます」と書かれています。この文章のことを教示文といいます。

行政不服審査法では、不服申し立てをすることができる処分をする場合には、処分庁は処分の相手方に対し、不服申し立てをすることができる旨や不服申立先等を教示しなければならないこととされています。

ただし、生活保護法第78条の決定に対する審査請求先は異なりますので注意が必要です。

イ　審査請求書の提出

審査請求書の記載事項は、請求人の氏名、住所等のほか、審査請求の趣旨及び理由を記載します。

ウ　弁明書の提出

審査庁である都道府県から福祉事務所に弁明書の提出要求があります。

弁明書を作成する際には、事件の表示、弁明の趣旨、本件処分の内容及び理由、本件処分に至るまでの経緯、審査請求書記載事実の認否、処分庁の意見を記載します。

弁明書ではこれらのことを記載しますが、中でも「本件処分に至るまでの経緯」、「審査請求書記載事実の認否」、「処分庁の意見」は重要です。

「処分庁の意見」では、生活保護法や保護の実施要領の規定がどのようになっているかを引用し、それらの規定に今回の処分をあてはめて、処分が適法であり妥当であることを主張することになります。

エ　反論書の提出

請求人から反論書の提出があると、処分庁に送付されてきます。必要に応じて再弁明書を提出する場合もあります。

オ　口頭意見陳述の実施

口頭意見陳述は、「審査請求人の申し立てがあった場合には、申立人の所在その他の事情により当該意見を述べる機会を与えることが困難であると認められる場合を除き必ず実施しなければならない」（行政不服審査法第31条）とされています。

カ　裁決

裁決には、請求の却下、請求の棄却、請求の認容があります。認容の裁決では、処分の全部もしくは一部が取り消されます。

（5）裁決の拘束力

行政不服審査法第52条では、裁決は、関係行政庁を拘束するとされ「申請に基づいてした処分が手続きの違法若しくは不当を理由として裁決で取り消され、又は申請を却下し、若しくは棄却した処分が裁決で取り消された場合には、処分庁は、裁決の趣旨に従い、改めて申請に対する処分をしなければならない」と規定されています。

請求が認められない場合には、「却下」や「棄却」の裁決が出されますが、請求が認められた場合には「認容」の裁決が出され、処分の全部もしくは一部が取り消されます。

このようなことから、ケースワーカーは、適切な保護の決定を心がけると同時に被保護者に対する説明責任を果たすことが重要です。

7　押さえておくべき裁判例

1950年５月に現在の生活保護法が制定施行されましたが、最初の頃の保護手帳をみると本当に手帳のようなサイズで胸のポケットにも入る位の大きさです。しかし、その後、生活保護制度は改正が行われ、2020年の生活保護手帳はサイズも大きくなり、ページ数も900ページを超えてとても胸のポケットには入らないサイズです。

裁判の結果を受けて、生活保護制度が改正される場合もあります。ここではいくつかの裁判例を紹介します。

（１）朝日訴訟（昭和42年５月24日最高裁判所判決）

「朝日さんは国立岡山療養所に入院し、生活扶助基準で定められた月600円の日用品費と医療扶助を受給していた。ところが兄から扶養料として月1,500円の送金を受けるようになったために、福祉事務所は送金額から日用品費を控除した残額900円を医療費の自己負担をさせる保護変更決定をした。不服申し立てでの却下されたのを経て、裁決の取消しを求めて東京地裁に訴えを提起した。」

判決では、「健康で文化的な最低限度の生活なるものは、抽象的な相対的概念であり、その具体的内容は、文化の発達、国民経済の進展に伴って向上するのはもとより、多数の不確定要素を総合考量してはじめて決定できるものである。したがって、何が健康で文化的な最低限度の生活であるかの認定判断は、いちおう、厚生大臣の合目的的な裁量に委されており、その判断は、当不当の問題として政府の政治責任が問われることがあっても、直ちに違法の問題を生ずることはない。ただ、現実の生活条件を無視して低い基準を設定する等憲法及び生活保護法の趣旨・目的に反し、法律によって与えられた裁量権の限界をこえた場合または裁量権を濫用した場合には、違法な行為として司法審査の対象となることをまぬかれない。」

「本件生活扶助基準が入院入所患者の最低生活の日用品費を支弁するにたりるとした厚生大臣の認定判断は、与えられた裁量権の限界をこえまたは裁量権を濫用した違法があるものとはとうてい断定することができない。」

「生活保護を受ける権利は相続対象とはならない。」

出典　「社会保障判例百選　第５版」有斐閣　４頁、「生活保護運用事例集2017」東京都福祉保健局

（２）東京老齢加算訴訟（平成24年２月28日最高裁判所判決）

高齢者の特別需要に対応するため支給されていた老齢加算が、2004年から2006年にかけて段階的に廃止された。

判決では、「老齢加算を段階的に減額・廃止した厚生労働大臣の基準改定は、裁量権の範囲の逸脱またはその濫用があるということはできないとし、本件改定および本件各決定は、生活保護法３条または８条２項の規定に違反しない旨判示した。」

出典　「社会保障判例百選　第５版」有斐閣　８頁

（３）福岡市学資保険訴訟（平成16年3月16日最高裁判所判決）

生活保護を受給していたＡさんは、昭和51年６月、当時３歳のＢの高等学校修学費用に充てることを目的として、学資保険（保険料月額3000円）に加入した。

平成２年６月に満期保険金から貸付に係る弁済金等を控除した残金約44万円を受領した。福祉事務所は、本件返戻金を収入認定したため、金銭給付を減額する内容の保護変更処分に対し同処分の取消しを請求。

最高裁判決では、「生活保護法の趣旨目的にかなった目的と態様で保護金品等を原資としてされた貯蓄等は、収入認定の対象とすべき資産には当たらないというべきである。

被保護世帯において、最低限度の生活を維持しつつ、子弟の高等学校修学のための費用を蓄える努力をすることは、同法の趣旨目的に反するものではない。

本件返戻金は、法の趣旨目的に反する使われ方をしたなどの事情がうかがわれない本件においては、同法４条１項にいう資産等又は同法８条１項にいう金銭等には当たらず、収入認定すべき資産に当たらないというべきである。」

出典　「社会保障判例百選　第５版」有斐閣　162頁

（４）損害賠償請求事件（昭和46年6月29日最高裁判所判決）

交通事故による被害者は賠償を直ちに受けることができない場合には、他に現実に利用しうる資力がないかぎり、傷病の治療等の保護の必要があるときは、同法４条３項により、利用し得る資産はあるが急迫した事由がある場合に該当するとして、例外的に保護を受けることができる。
　このような保護受給者は、のちの損害賠償の責任範囲等について争いがやみ賠償を受けることができるに至ったときは、その資力を現実に活用することができる状態になったのであるから、生活保護法第63条の規定により費用返還義務が課せられるべきものと解するを相当とする。

出典　「社会保障判例百選　第４版」有斐閣　178頁

（５）大阪申請権訴訟（平成14年6月13日最高裁判所判決）

「申請書の提出は保護申請の要件ではなく、一般論としては口頭申請が認められる余地があるが、申請が有効とされるには、特にこれを口頭で行う旨明示して申請するなど、申請意思が客観的に明確にされる必要がある。」

出典　「生活保護運用事例集2017」東京都福祉保健局

（６）高訴訟（平成15年７月17日最高裁判所判決）

「石川県心身障害者扶養共済制度に基づく年金の目的は、生活保障よりも福祉増進、自立助長の面が強く、生活保護法第４条にいうところの資産に該当しない。
　同年金を収入認定し、保護費を減額したことは違法とされた。」

出典　「生活保護運用事例集2017」東京都福祉保健局

（７）大阪海外渡航訴訟（平成20年2月28日最高裁判所判決）

生活保護を受給していたＡさんは、平成13年６月にタイに渡航し、７月に帰国した。平成13年７月に福祉事務所は、外国滞在中であった分の保護費約３万３千円を減ずることとし、同年８月に同年９月分の扶助費から上記金額を差し引く保護変更決定を行った。

Ａさんは、この処分を不服として、大阪地方裁判所に処分の取消しを求めて提訴した。

判決では、「国外に現在している被保護者であっても、国内に居住地を有している者は、保護を受けることができる。

海外渡航費用の支出については、最低限度の生活を超えるものであり、当該費用を限度とした収入認定は適法。」

出典　「季刊・社会保障研究　Vol.45　№.３」国立社会保障・人口問題研究所　328-336頁、「生活保護運用事例集2017」東京都福祉保健局

参考文献

【第１章】

・池谷秀登（2017）『生活保護ハンドブック』日本加除出版

・岩田正美、岡部卓、清水浩一（2005）『貧困問題とソーシャルワーク』有斐閣

・宇山勝儀、船水浩行（2011）『福祉事務所運営論』ミネルヴァ書房

・岡部卓（2014）『福祉事務所ソーシャルワーカー必携』全国社会福祉協議会

・窪美昌保（1924）『大寳令新解』南陽堂書店

・厚生労働省「社会福祉主事任用資格の取得方法」
https://www.mhlw.go.jp/stf/seisakunitsuite/bunya/hukushi_kaigo/seikatsuhogo/shakai-kaigo-fukushi1/shakai-kaigo-fukushi9.html(2020.12.7)

・厚生労働省「生活保護の被保護者調査（平成30年度確定値）」
https://www.mhlw.go.jp/toukei/saikin/hw/hihogosya/m2019/dl/h30gaiyo.pdf(2020.12.7)

・厚生労働省「戦後社会保障制度史」
https://www.mhlw.go.jp/seisaku/21.html(2020.12.7)

・厚生労働省「ナショナルミニマム研究会（第６回）」資料
https://www.mhlw.go.jp/shingi/2010/03/dl/s0304-7d_2.pdf(2020.12.7)

・厚生労働省「令和２年版厚生労働白書」
https://www.mhlw.go.jp/stf/wp/hakusyo/kousei/19/backdata/02-04-03-01.html(2020.12.7)

・小山進次郎（1951）『生活保護法の解釈と運用』中央社会福祉協議会

・生活保護制度研究会（2019）『生活保護のてびき　令和元年度版』第一法規

・都政史料館（1960）『都史紀要７　七分積金』東京都公文書館
https://www.soumu.metro.tokyo.lg.jp/01soumu/archives/0604t_kiyo07.

htm(2020.12.7)
・武藤博己（1997）『生活保護と地方分権』全日本自治団体労働組合
・元田宏樹（2016）『都市貧困層の実態と支援政策』敬文堂

【第３章】

・生活保護制度研究会（2019）『生活保護のてびき　令和元年度版』第一法規
・『生活保護手帳2019年度版』中央法規
・『生活保護手帳　別冊問答集2019年度版』中央法規
・『生活保護運用事例集2017』東京都福祉保健局
・『社会保障の手引2019年版』中央法規
・吉永純（2011）『生活保護の争点―審査請求、行政運用、制度改革をめぐって』高菅出版
・池谷秀登（2017）『生活保護ハンドブック』日本加除出版
・『生活と福祉　2020.10』全国社会福祉協議会
・岩村正彦（2016）『社会保障判例百選　第５版』有斐閣
・西村健一郎・岩村正彦（2008）『社会保障判例百選　第４版』有斐閣
・『季刊・社会保障研究　Vol.45　№３』国立社会保障・人口問題研究所

編著者一覧

元田　宏樹（もとだ・ひろき）

聖学院大学心理福祉学部准教授。法政大学大学院博士後期課程修了（博士（公共政策学））、社会福祉士

東京都庁勤務（1994年～2020年）。主に、荒川区福祉部保護課派遣（生活保護ケースワーカー）、福祉保健局生活福祉部保護課施設担当係長、福祉保健局生活福祉部生活支援課課長代理、福祉保健局指導監査部指導第三課課長代理を務める。2020年から現職

第１章担当、編集代表

松浦　賢治（まつうら・けんじ）

東京都庁勤務（1995年～）。離島で生活保護ケースワーカー、郡部で査察指導員、本庁で監査等を務める

第２章、コラム担当

門井　弘明（かどい・ひろあき）

東京都庁勤務

元生活保護ケースワーカー、元児童相談所児童福祉司、社会福祉士

第３章担当

（2021年６月現在）

おわりに

公的扶助が受けられる条件（年齢、財産の有無、障害等の状況、扶養義務者の責任、困窮に陥った原因等）は時代とともに緩和されていることがわかります。これは、総じていえば日本人の生活レベルが豊かになっていく過程で、人権意識が高まってきたことが背景にあると考えられます。

そして、現実問題として、社会保障制度のひとつである生活保護制度は、1950年に成立し、戦後の日本におけるセーフティネットとして重要な役割を果たしてきました。

一方、生活保護受給者の不正受給問題や、他制度の構造的疲弊問題から、近年保護受給者への風当たりと生活保護制度そのものへの批判が強くなっています。

さらに、財政の問題から、給付額を削減する圧力も高まっています。当然のことながら、不正受給は厳しく対応する必要があります。また、制度内において、時代に沿わない箇所は改正が必要であることはいうまでもありません。

その上で強調しておきたいことは、貧困に陥った人を「自己責任」論や財政問題から切り捨てることはあってはならないということです。「救貧」という観点で見ると、これまでの変遷からわかるとおり、時代に逆行してはならないと考えます。

そして、社会保障制度の破綻が叫ばれている将来に向けては、むしろ、貧困に陥らないためにどうすればよいかという「防貧」への仕組みづくりを強化する必要があります。救貧としての生活保護制度はもとより、防貧対策としての社会保障制度を再構築する必要があると考えます。なぜなら、現在の社会保障制度の枠組みの大部分は、日本が高度経済成長をしていく時代に構築されており、時代にそぐわない部分があるからです。

マクロレベルで見れば、経済のグローバル化、少子高齢化社会の進展、雇用形態の変化等を見据えた新たなセーフティネットのデザインが求められています。

ミクロレベルで見れば、生活困窮状態に陥った人々の実態は、金銭的な問題に止まらず人間関係の希薄さ、ストレスによる疾病、必要な情報が得られない等、様々な要因が重なった結果によることがわかっています。

そうしたことを踏まえ、行政機関をはじめとする支援に携わる組織の方々には、生活困窮者が抱える課題の背景にも目を向け、丁寧に寄り添いながら自立を助長する姿勢が求められると考えます。

令和３年６月

元　田　宏　樹

シリーズ　今日から福祉職

押さえておきたい公的扶助・生活保護行政

令和３年７月25日　第１刷発行

編　著　元田　宏樹

著　者　松浦　賢治・門井　弘明

発　行　株式会社 ぎょうせい

〒136-8575　東京都江東区新木場1-18-11
URL：https://gyosei.jp

フリーコール　0120-953-431
ぎょうせい　お問い合わせ　検索　https://gyosei.jp/inquiry/

〈検印省略〉

印刷　ぎょうせいデジタル株式会社

※乱丁・落丁本はお取り替えいたします。

ISBN978-4-324-11003-4
(5108716-00-000)
〔略号：シリーズ福祉（生活保護）〕